사람답게 살고 싶소

사람답게
살고 싶소

좋은벗들 엮음

정토출판

추천사

참으로 다사다난했던 20세기가 저물었습니다. 여러 사람들은 20세기를 인류문명사에서 가장 위대한 시기였다고 회고합니다. 20세기에 과학기술의 급속한 발전이 사람들에게 가져다 준 물질적 풍요와 여유에 대해, 그리고 인간존엄성에 기반한 민주주의의 확대에 대해 찬사를 아끼지 않습니다. 아마도 이것은 대체로 사실에 가까운 것입니다. 그러나 모든 사람들이 다 그렇지 않다는 데 우리 시대의 아픔이 있는 것입니다.

이 책은 20세기의 마지막 순간에 굶주려 죽어간 사람들, 그리고 겨우겨우 살아남아 대부분 자기의 부모, 형제, 자녀들이었던 죽은 자들을 회상하는 사람들의 눈물어린 기록입니다. 그들은 멀리 있는 사람들이 아니라 바로 서울에서 지척거리에 있는 내 동포요, 내 형제들입니다. 우리가 남아도는 음식을 주체하지 못하여 음식물 쓰레기 문제를 고민할 때, 그들은 한 톨의 밥알과 한 올의 국수가락이라도 주워 먹으려고 음식물 쓰레기 통을 뒤졌습니다. 우리가 너무 비대해진 몸 때문에 다이어트 걱정을 할 때 그들은 결핵과 영양실조로 쓰러져 갔습니다. 후대의 역사가들이 이것을 두고 무어라 평가할지, 그리고 이 시대를 살아낸 많은 사람들의 후예들이 선조들, 즉 우리들에 대해 무어라 말할지 두렵기 그지 없습니다. 또한 죽어서 먼저 기다리고 있을 그 영혼들과 어떻게 만나야 할지 그저 막막하기만 합니다.

    이제 구제금융위기 이후 이곳의 경제형편도 조금 나아지고 생활수준도 이전으로 회복되어 간다는 뉴스가 들립니다. 모쪼록 이 책이 여러분들의 영혼과 여러분들의 지갑, 그리고 여러분들의 행동하는 양심을 열 수 있는 계기가 되기를 바랍니다. 지울 수 없는 이 불행하고 가슴 아픈 역사를 접하고 많은 생각들을 하시리라 믿습니다. 그리고 조그맣더라도 행동에 옮기는 사람들이 될 수 있도록 노력하시리라 믿습니다.

    이 책의 출판을 위해 수고해 주신 사단법인 좋은벗들의 좋은 벗들에게 감사드립니다.

1999. 12

강원용 크리스챤 아카데미 이사장

발간사

　우리는 지난 몇 년간 북한동포돕기 운동을 해 왔다. 그것이 이 시대를 살고 있는 사람들의 역사적 소명이라고 믿었기 때문이다. 이 일을 통해 우리의 역사와 역사적 정의에 대해 많은 생각을 하였고, 분단현실에 대해서도 새삼 고민하였다. 또한 분단의 아픔에 자지러지고 몸서리쳐야 했다. 그리고 지난 날의 민주화운동과 통일운동이 지향하던 시대적 소명과 역사적 정의에 대해 냉정하게 반추하는 기회가 되기도 하였다. 우리는 과연 그때 무엇을 했던가?

　이 책에 실린 글들은 많은 사람들이 쓴 평범한 회상기가 아니다. 그것은 사선을 넘어온 사람들이 다급한 호흡으로 풀어낸 말들이며, 1990년대 북한의 실상을 알 수 있는 글들입니다. 우리는 편집되기 전의 글들을 읽으면서 역사에 대한 우리의 무능과 무력함을 한탄하지 않을 수 없었다. 그리고 역사에 대한 두려움에 몸을 떨어야 했다.

　이 책에서 말하듯이 북한의 변화는 어느 정도 기정사실로 굳어지고 있는 듯하다. 아마도 모든 이들이 그렇게 느끼리라 본다. 장마당은 거의 정화되었고, 철옹성에 가까웠던 북한주민들의 체제인식도 한 축에서 변화가 시작된 것으로 보인다. 그렇다고 해서 북한주민들의 고통이 끝난 것은 아니다. 한발 더 힘차게 내딛어, 북한동포들의 아픔을 보듬고 갈 수 있어야 한다.

 끝으로 이 책의 출판을 위해 물심양면으로 돌봐주시고 추천사를 보내주신 '크리스챤 아카데미'의 강원용 목사님께 감사드린다. 아울러 사단법인 좋은벗들의 실무자들과 모든 회원들께도 깊은 감사드린다.

1999. 12
좋은벗들

차례

추천사
발간사

1부 이렇게 삽니다

굶주린 사람들　13
가족들을 떠나보내고　18
두 번의 죽음　25
불효자식이 되어　28
아가야, 이 에미를 용서하거라　32
해체되는 가정　36
떠도는 아이들　42
조선의 여성들　50
치료받지 못하는 사람들　57
성한 사람도 살기 힘든데　62
이것이 사람 사는 세상입니까　65
도둑과 강도-흉흉한 세상　68
인심도 없어지고　73
말할 자유도 없다　77
부정부패　80
교육　86
군대에서　91
장마당에서　96

사람답게 살고 싶소

교통시설-기차안에서 101
산업시설 107
농촌의 생활 109
어촌의 생활 116
직업별 생활 121
감옥 131
국경에서 137
이렇게 삽니다 142
북한사람들의 북한이야기 147
중국에 와서 보니 159
하고 싶은 말이 너무도 많습니다 163

2부 북한 식량난의 실태

조사의 개관 173
조사설계 177
북한난민 조사대상자의 인구통계적 특성 180
조사결과 184
조사결과 요약 및 우리의 의견 206

이렇게 삽니다

굶주린 사람들[1]

40대 후반, 남
함경북도 화성군, 노동자, 98년 1월 월경.
93년 말 배급이 중단된 이후, 94년 초와 97년 8월에 한번씩 배급을 받고는 줄곧 받지 못했음. 늙으신 아버지, 어머니가 먹지 못해
95년과 96년 사망하고, 12살 난 아들이 96년 콜레라로 숨짐.

봄과 여름에는 풀과 채소로 지탱했다. 그런데 그것마저도 굶주림에 허덕이는 사람들이 하도 많아, 인가가 멀리 떨어진 곳에 가도 풀과 채소를 찾기란 쉽지 않았다. 겨울이면 집에 남아있는 병자나

---

1) 북한은 양곡의 자유판매와 개인의 상행위를 일체 금지시키고 육류, 생선 등 부식류에 이르기까지 철저한 배급제도를 시행하여 왔다. 그러나 최근 경제난으로 생필품과 식량이 절대적으로 부족하여 제대로 배급이 되지 않자 자연스럽게 장마당을 중심으로 식료품이 거래되고 있고, 대부분의 일반주민들도 장마당을 통해 식량을 구입한다.
이러한 현상은 80년대 말부터 발생하여 90년대 중반에는 북한의 전지역에 일반화된 것으로 보인다. 1,855명의 인터뷰 대상자 중 64%가 94년 이전에 중단되었다고 응답한 비율은 96%에 이르고 있다. 이것은 북한 식량난이 95년 대홍수로 인한 자연재해가 주원인이 아님을 증명한다.
배급을 받지 못한(북한의 명절, 즉 김일성, 김정일 생일 등에는 약간의 배급이 있었던 것으로 보인다.) 대다수 북한주민들은 산과 들에서 나무뿌리, 풀뿌리, 산나물을 뜯어다 풀죽을 쑤어 먹거나 소규모의 자본으로 장마당에서 장사를 하며 하루하루 식량을 해결하고 있다.
북한의 식량난은 97년 최악의 상태였는데, 최근에는 조금 호전된 것으로 보인다. 그것은 외부로부터 원조와 주민들이 장기간의 식량난 속에서 최소의 영양섭취로도 생존이 가능해졌기 때문이다. 현재 북한주민들은 만성적인 영양실조상태에 있으며 질병에 의한 사망이 꾸준히 발생하고 있기 때문에 기초의약품의 공급이 가장 시급하다.

늙은이들의 옷, 양말, 신발, 모자까지 걸쳐 입고 정처 없이 식량을 찾아 헤맸다. 때로는 아무것도 얻지 못한 채 나뭇가지나 쓰레기더미에서 주운 물건만 가지고 돌아올 때도 있었다. 통강냉이나 강냉이가루 1킬로그램이면 우리에게는 대단한 하루의 성과고 큰 힘이었다. 풀이나 채소를 썰어 소금 몇 알을 넣고 끓인 국에 강냉이가루 한 숟가락을 넣고 휘저어서는 한 사발씩 마시면 그것이 한끼다. 그것도 고작해야 하루에 한번밖에 없었다. 살 길이 막막하다. 밑도 끝도 없는 식량난은 언제면 끝이 날지.

30대 초반, 여
함경북도 명천군, 노동자, 98년 2월 월경.
늑막염에 걸려 있으며, 남편과 두 자녀가 있음.

조선에서는 푸시시한 강냉이밥으로 끼니를 때우는 사람은 잘 사는 집에 속한다. 대부분의 주민들은 주박(술깡치), 비지(두부찌끼), 벼뿌리, 송기, 쑥 등 먹을 수 있는 것은 다 먹었다. 눈이 빠지게 기다리던 명절이나 기념일이면 당에서 세대별로 강냉이나 강냉이가루, 벼 1킬로그램(한 번 준 적이 있다)을 줬다. 그것도 당과 지도자의 크나큰 배려라 생각하고 감사히 받았다. 받은 식량에다 산에서 캐온 풀을 보태 몇 달씩 먹고 살았다. 그렇게 부실하게 먹으니 자연히 영양부족으로 부증이 오고 죽음의 변두리에서 배회한다. 산간벽지 탄광 로동자인 우리들은 산풀이라도 먹을 수 있지만 큰 도시사람들은 그것도 차지하기 어렵다.

30대 중반, 여
함경북도 무산군

봄이 되면 햇풀부터 먹는다. 우리집에는 강냉이가루가 한 줌도 없어 누룸제기가루(느릅나무의 속껍질을 말려서 가루 낸 것)에다 냉이나 능재(명아주), 비름이를 데쳐서 묻혀 먹었다. 이것도 하루 이틀이지 3일째 되는 날이면 먹기가 영 나쁘다. 그나마 누룸제기 가루마저 떨어지면 조금 되는 돈으로 등겨를 사다가 빵처럼 빚어서 솥에 쪄 먹었다. 처음에는 배가 고파 맛있게 먹지만, 다음에 먹을 때는 목구멍이 깔깔하여 먹기 나쁘다. 이렇게 하루 이틀 열흘이 지나간다. 그렇게 먹고 밖에 나가면 다리가 후들후들 떨리고 눈앞이 캄캄하다. 봄이 접어들기 시작하면 채 익지 않은 과일들을 따다가 삶아 먹는다. 이것은 참 맛있다. 그렇게 한참 지나년 풋강냉이를 칼로 따내어 죽을 쑤어
먹는다. 집에 있는 강냉이
를 다 먹으면
농장에서 몰래
훔쳐다가

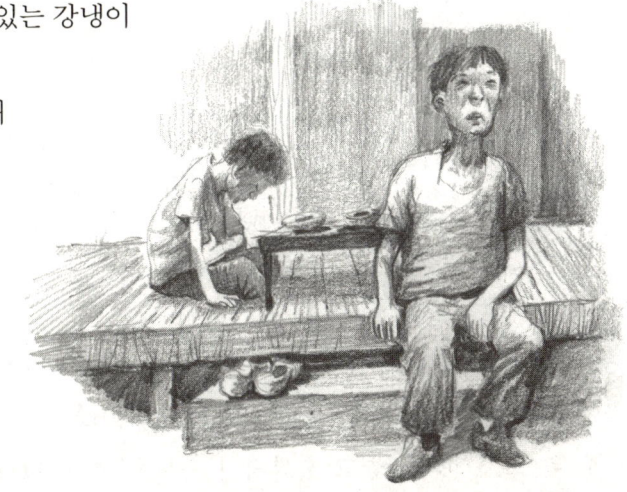

먹기도 한다. 훔치다 들키는 날이면 교양소에 들어가야 한다. 참으로 먹고 사는 것이 힘들었다.

40대 초반, 여
함경남도 함흥시, 노동자, 98년 4월 월경.
89년부터 배급이 줄어 94년 초 배급이 중단.
97년 시부모와 딸이 파라티프스로 사망.
인민반 인구 130명 중에서 약 50명이 97년도에 전염병으로 많이 죽었음.

현재 조선의 주식은 풀이다. 그러니 산야에 뾰족 나오는 풀들도 자랄 사이가 없어 별반 없다. 땅을 판다 해도 흙밖에 없고 풀뿌리조차 모조리 없어진 셈이다. 사실 말해서 조선의 산야는 벌거숭이지만 두만강을 사이에 둔 중국의 산야는 푸르싱싱한 나무와 풀로 무성하다. 조선에는 사람마다 몸과 얼굴이 마르고 새까맣고, 먹지는 못했지만 걸음은 배낭을 메고도 쏜살같이 빠르다. 우울하고 여지없는 억눌림에 침울하다.

30대 후반, 남
함경북도 명천군, 노동자, 98년 2월 월경.
93년 말 배급이 끊어지고 96년과 97년 사이에 4번의 배급을 받았음.
97년 어머니가 기아와 병으로 사망하였음.
본인은 간염, 처는 위궤양, 두 딸은 영양실조에 걸렸음.

독풀을 제외하고 송기, 쑥, 술깡치, 엿밥깡치 같은 것을 먹고 연명해 왔다. 술깡치를 물에 넣고 며칠씩 우려내 술냄새를 없앤 다음 보 위에 재가루를 놓고 술깡치의 수분을 뺀다. 그것을 가마에 쪄 먹는다. 돼지도 잘 먹지 않는 사료지만 배가 고프니 그것도 달게 먹었다. 송기를 먹을 경우에는 뒤가 메서 대변이 통하지 않아 항문이 찢어지는 일도 많다. 여하튼 살자니 별의 별걸 다 먹는다.

60대 초반, 여
함경북도 김책시, 97년 11월 월경.
93년 배급이 끊어졌으며, 96년 남편이 부종으로 사망.
아들과 며느리, 손자 등 남은 네 식구 모두 영양실조에 걸림.

　우리집 식구는 손자와 남편만 집에 남겨두고, 산속에 가서 초막을 짓고 나무껍질, 풀, 나무뿌리를 파서 식량 대용으로 삼았다. 김책시는 청진시보다 더 큰 성시인데 시내를 벗어나면 다른 세상처럼 보인다. 땅굴집, 나무집, 초막집으로 되어 있으며 여름에는 풀을 먹거나 점토(진흙)를 먹기도 했다.
　앞으로 다른 방법이 없다. 겨울에는 중국에 있는 친척들의 도움을 받아야겠다. 얼음이 얼면 월경하여 량식을 해결할 예정이다.

가족들을 떠나보내고[2]

40대 초반, 남
평안남도 덕천시, 98년 2월 월경.
10살, 7살 된 두 자녀가 함께 얼어 죽음.

처와 함께 기차를 타고 다니면서 식량을 구해 그럭저럭 살아왔고, 그때마다 아이들을 친척집에 맡기고 다녔다. 그런데 최근에는 다들 생활형편이 너무나도 곤란하여 맡아주지 않았다. 할 수 없이 아이들한테 마른 음식을 주고는 방문을 봉하고 식량을 구하러 떠났다. 그런데 4일 만에 집에 와 보니 찬 랭방에서 두 아이가 굶고 얼어죽었다. 그 비참한 지경에도 바깥벽을 허물고 얼마 없던 집 재산까지 모두 도난당하고 없었다. 한날 한시에 두 자식을 잃어버리

---

[2] 인터뷰 대상자 1,855명의 가족구성원 10,127명 중 29.5%인 2,991명이 식량난 이후(95년 8월 대홍수 이후 98년 9월까지) 굶주림과 기아성 질병으로 사망했다. 이 사망률을 북한의 일반주민(당·정 간부, 군인 등 지배계층 300만 명, 농민 600만 명 제외) 1,300만 명에 적용시키면 사망자 수가 약 350만 명이 된다. 그 중 50만 명을 95년부터 98년까지의 자연사망자 수라고 하더라도 300만 명 이상이 기아로 사망한 것이다. 특히 노인과 어린이의 사망이 매우 심각하다. 1세~6세까지 어린이의 사망률이 51.2%에 이르고 60대 이상 노인의 사망률은 80.0%로 매우 높다. 노인의 사망률이 높은 이유는 노인들의 몸이 허약한 이유도 있지만 자녀를 위해 스스로 절식하며 죽음을 선택하고 있기 때문이며, 어린이는 약한 소화기능에 알맞은 부드러운 음식과 성장에 필요한 영양소가 들어 있는 질 좋은 음식이 없어서 쉽게 영양실조에 걸리기 때문이다.
사망자의 사망원인은 아사 29.7%, 아사와 질병 9.1%, 질병 57.2%로 나타났으며 생존자의 경우도 57%정도가 영양실조나 질병을 앓고 있는 것으로 조사되었다.

고 처와 나는 더 살고 싶지 않았다. 처는 기절을 몇 번이나 하였는지 모른다. 이제는 살 길이 막막하다. 현재 우리나라에서는 사람이 죽거나 행방불명이 되어도 별다른 방법이 없다. 곳곳에서 사람이 죽어가고 가족이 흩어져 헤매고 있는데 이 책임을 누가 져야 하는가? 누가 구해 주어야 하는지? 한 집 식구가 몽땅 죽어가도 한 집 식구가 몇 명씩 죽어가도 자신의 고통을 하소연 할 곳 없어 속으로 피눈물을 삼켜야 한다. 중국에 와 보니 저마다 자식들을 나라의 인재로 만들기 위해 노력하고 있는데, 같은 사회주의 국가인 조선에서는 자식을 잘 키우기는커녕 먹일 량식마저 없으니……. 하루빨리 굶주림에서 헤어나올 수만 있다면 얼마나 좋겠는가?

50대 효반, 여
황해남도 삼천군, 97년 1월 월경.
일곱 식구 중 시부모와 남편, 딸이 사망하고 남은 식구들을 살리기 위해 월경.

　삼 년 전만 해도 버젓하게 갖춰 놓은 것은 없었으나 일곱 식구가 화목하게 살았다. 삼 년이 지난 오늘 우리집 식구는 영양실조에 걸려 한 명씩 련속으로 사망하고, 남은 세 식구마저 산산이 흩어져 버렸다. 96년도부터 선후로 시부모님께서 돌아가시더니, 금년 3월에는 남편마저 잃고, 뒤이어 딸까지 저 세상으로 보냈다. 시부모님께서는 생전에 삼대독자 손자를 더 먹이려 떠올린 푸대죽도 채 드시지 않고 늘 손자에게 남겨주곤 하였다. 남편은 간염이 심했지만 약뿐만 아니라 푸대죽도 한번 배불리 먹어 보지 못하고 이 세상을 영영 떠나버렸다.
　우리집은 세 식구 외에 아무 물건도 없는 거렁뱅이다. 집에 계속 앓아 있으면 세 식구마저도 모두 굶어 죽게 생겼기에 할 수 없이 아들을 평양에 있는 시누이 집에 잠시 보내고, 나는 친척을 찾아 비법적으로 국경을 넘어왔다. 오빠와 친척들의 도움으로 머리가 터질 것 같던 증상은 초약 몇 첩으로 나았다. 만일 무사히 돌아가면 아들을 집에 데려와서 아껴 먹고 아껴 쓰면서 머리를 써서 장사도 하면서 배급을 줄 때까지 살아서 아들을 장가 보내겠다.

30대 후반, 여
강원도 원산시, 직장원, 98년 6월 월경.
시부모는 병으로, 6살과 3살 난 딸 둘은 영양실조로 사망.
폐결핵에 걸린 남편과 아들 둘이 있음.

몇 년간 지속된 자연재해로 우리집은 비렁뱅이가 되었을 뿐 아니라 집식구 중 절반을 저 세상으로 보냈다. 국가의 배급에만 의지해 살아오던 우리가 몇 년간 계속 배급을 주지 않고 신봉마저 주지 않으니 집 기물을 다 팔아 식량으로 바꿨다. 다병하고 련로하신 시부모님은 죽도 배불리 잡수시지 못한 채 먼길을 걸어 산나물을 캐오다가 신병이 악화되어 돌아가셨다. 시부모님이 돌아가셨는데도 관을 살 돈이 없어서 그저 비닐로 감아서 매장하였다. 어린 두 아이는 영양실조로 맥없이 며칠 누워 있더니 숨지고 말았다. 두 아이가 누워 있을 때 생명이 위험하다는 것을 알았지만 아무런 방법도 쓰지 못하고 그저 죽기를 기다릴 수밖에 없었다. 가슴이 터지는 것 같고 안타까움은 형용할 수가 없었다. 그렇게 아이들을 보내고 생각해 보니 이대로 있다간 영양실조에 걸려 있는 두 아이와 폐결핵 환자인 남편마저 잃어버릴 것 같았다. 선거를 앞두고 외출을 못하게 하고, 또 강물이 불어 건너기 위험하지만 큰 마음을 먹고 강을 건너왔다. 시삼촌은 이런 정황을 듣고 다급히 돈과 약을 준비하고 있다. 집식구들이 몹시 근심되어 준비되는 대로 건너가려 한다.

50대 후반, 여
함경북도 회령시, 97년 11월 월경.
97년 남편과 며느리, 손녀가 사망. 집안의 기물을 다 팔고, 집까지 팔아 양식을 사 먹었으며 밭에서 감자와 옥수수를 훔쳐서 생계를 유지하다가 집식구들이 굶어죽게 되어 월경.

    나의 남편은 참된 군인이다. 30여 년간 군대에 복무하며 나라에 큰 공헌을 세웠으나 사망할 때까지 약 한 첩 제대로 쓰지 못하고 좋은 음식도 먹지 못하고 세상을 떠났다. 더욱 더 비참한 것은 며느리가 해산 후 영양실조로 자리에 누운 채 꼼짝 못하고 신음하다가 숨졌고, 갓난 아해도 조용히 제 어미를 따라 세상을 떠나버렸다. 셋째 아들은 살 길을 찾아간다고 집을 나갔는데, 두 달이 되도록 그림자도 보이지 않고 종무소식이니 속만 탈 뿐 무슨 방법이 없다.
    나는 가정의 기물을 다 팔아서 장사를 하면서 하루하루 목숨을 이어갔는데, 장사 밑천마저 강도에게 다 털려 이제는 꼼짝 못하고 굶어죽게 되었다. 최후 수단으로 정말 방법이 없어 비법적으로 도강하여 중국에 있는 친척들의 원조를 받으려 한다.
    우리들은 이미 친척들에게 적지 않은 도움을 받았다. 그래도 사정이 여의치 않으니 돈과 량식, 옷가지들을 모아주었다. 가지고 갈 물품 준비가 다 되었으니 이제 집으로 돌아가려고 한다.

20대 중반, 여
함경북도 회령시, 탄광 공인, 98년 1월 월경.
97년 남편이 사망하고, 잇따라 4살 된 아들마저 굶어죽은 후
혼자 집을 떠나 헤매고 다니다가 중국으로 건너옴.

    하고 싶은 말이 너무나도 많다. 97년 4월에 남편이 세상을 하직하고 아들마저 그해 9월에 굶어죽었다. 조선은 말 그대로 생지옥과 같다. 백성들이 병들어도 약품이 없고 그나마 중국에서 들어오는 약품은 돈이 없어서 살 수가 없다. 남편이 앓아서 죽게 되었는데도 돈이 없으니 치료받을 엄두도 내지 못했다. 남편은 죽 한 그릇도 대접받지 못하고 저 세상 사람이 되었다. 거기다가 아들마저도 저 세상으로 보냈으니 나는 미칠 지경이다. 아무리 살자고 애써도 돈이 없는데 어떻게 살겠는가? 지금 조선은 굶어죽고 얼어죽고 병들어 죽는 사람이 부지기수다. 당의 지도자들은 백성이 굶어죽고 얼어죽어도 속수무책이고, 오히려 중국에 있는 친척들의 도움을 받고 돌아오는 사람들이 간첩활동을 하지나 않을까에만 신경쓸 뿐 백성을 살리려는 생각은 조금도 보이지 않는다.

50대 초반, 남
강원도 고성군, 노동자, 98년 6월 월경.
부모가 한 달 간격으로 사망. 아내와 세 자녀가 있음.

    정기적인 배급이 중단된 후 어머니와 딸이 집식구들의 생계유지를 위해 갖은 애를 썼지만 죽물도 겨우 먹었다. 런로하신 어머니는 죽물도 손주에게 넘기고 자신은 적게 마셨다. 그 몸으로 매일

몇 십 리 길을 떠돌아다니면서 나물을 뜯다가 일에 지치고 영양부족으로 현기증이 나서 일어날 수 없었다. 그렇게 어머니는 우리와 영별했다. 우리는 겨우 돈을 구해 상소물(제사음식)을 사 놓고 제를 지내고 아무런 예법도 없이 천에 동여서 도시경(도시건설사업소와 같은 곳에서 철제로 관을 짜서 관은 땅에 묻지 않고 계속 사용할 수 있도록 한 것에서 쓰는 관)에 넣어 저승으로 보냈다. 한달 후 아버지마저 돌아가셨다. 제일 추울 때였는데, 모두 솜옷도 없지 끼니도 겨우 먹는 정황이라 장례에 나서기를 싫어했다. 하는 수 없이 도시경에서 쓰는 관에 아버지를 보냈다. 안해도 폐결핵에 걸린지 삼 년이 지났다. 처음에는 좀 치료를 받았지만 점점 생활이 나빠져 안해의 병을 치료할 수도 없다. 계속 이렇게 일년만 산다면 우리나라 인구는 절반 이상 축소될 것이다.

40대 후반, 남
함경남도 함흥시, 직장원, 98년 4월 월경.
97년 9월과 11월에 어머니와 아내가 사망. 네 자녀가 있음.

    어머니와 안해는 배급이 중단된 후 갖은 고생을 하면서 집식구들을 먹여 살리려고 산과 들을 다니면서 애를 썼지만 집식구들의 생계를 유지하기는 힘들었다. 집안에 있는 기물들은 모두 량식과 바꿔 더는 팔 것도 없게 되었다. 어머니는 나물 캐러 갔다 오다가 허위증으로 넘어져 머리에 타박상을 입고 며칠 앓다가 끝내 사망하셨다. 그 후 안해는 약재도 캐고 이삭도 줍는 등 갖은 고생을 하다가 숨지고 말았다. 나는 아이들을 살리려고 집에 남은 이불 한 채와 집을 팔아서 아이들을 동생 집에 맡기고 중국으로 떠나왔다. 빨리 돌아가서 우선 작은 집이라도 사서 아이들을 먹여 살려야 한다.

두 번의 죽음

30대 후반, 여
함경남도 신포시, 97년 12월 월경.
97년 10살 된 딸이 꽃제비들과 장마당에서
국수 도둑질을 하다 맞아서 앓다가 사망.
남편이 해 온 나무를 팔아서 살았음. 시어머니와 남편, 두 아들이 있음.

현재 조선은 가는 곳마다 굶어죽은 사람이 부지기수다. 그 중에서도 어린아이들이 부모를 잃고 고아가 되어 헤매다가 굶어죽은 모습이 가장 불쌍하다. 신포시에서는 한 구덩이에 2, 30명의 시신을 넣고 대충 흙을 덮어놓은 것을 "직포"라 한다. 시신 하나를 한 구덩이에 파묻으면 "영양단지"에 들어갔다고 한다. 97년 봄, 신포시에는 장질부사병이 유행하여 하루에도 100여 명이 죽어나갔으며, 그 처리도 만만치 않았다. 주검 처리를 위해서 인민반에서 동원되었는데 먹지 못해 땅 팔 힘이 없어서 못 나가겠다고 하면 책벌을 주는 바람에 하는 수 없이 나가 일하곤 했다. 살고 싶지는 않지만 죽기도 힘들었다. 천만가지가 다 힘들었다.

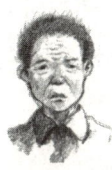
50대 초반, 여
황해남도 은천군, 97년 11월 월경.
97년 시부모가 사망하고 남편과 세 자녀가 있음. 96년 12월 중국에 있는 오빠의 도움을 받아 살다가 다시 지원을 받기 위해 월경.

현재 조선에는 거지가 정말 많고 도적질하는 사람도 대단히 많다. 거리에 나가 조심하지 않으면 도적을 맞을 뿐 아니라, 물건을 갖고 조용한 모퉁이를 혼자 다니다가 목숨까지 빼앗긴 사람도 적지 않다. 사람이 굶어서 길가에 쓰러져 있어도 누구 하나 구원하려 하지 않고, 사람이 길가에서 굶어죽은 지 며칠 지나도 그대로 있다. 그래서 죽은 사람을 처리하는 사람이 지정되었고, 이런 사람에게는 식량을 주어 힘내서 빨리 죽은 사람을 처리하게 하였다. 그렇지만 굶어죽는 사람이 너무 많다 보니 미처 처리 못하는 경우가 있다. 지금 대부분 집에서 사람이 죽으면 관에 넣지 않고 그대로 산에 가져다 파묻고 있다.

40대 후반, 여
함경북도 청진시, 97년 11월 월경.
97년 시어머니와 딸이 사망하고 시아버지와 교원인 남편, 딸 둘이 있음.

현재 조선에서는 매일 사람들이 굶어죽고, 병에 걸려도 제대로 치료받지 못하여 죽고, 거리를 다니다가 얼어죽는 사람 수도 헤아릴 수 없이 많다. 역전에는 매일 임자 없는 주검을 자동차에 실어서 어디론지 가져간다. 내 눈으로 직접 보기 전에는 '설마 그럴까' 하고 의심했는데 정말 한 입으로는 다시 형언할 수조차 없는 사실이다. 몸부림치는 주검에서 옷을 벗겨 가는 사람도 있다. 어찌하여 우리 조선이 이 지경이 되었는지, 어떻게 하면 우리 조선 인민을 구할 수 있겠는가?

30대 초반, 여
함경북도 회령시, 노동자, 98년 8월 월경.
시부모와 4살 난 아들이 사망. 간염에 걸린 남편이 있음.

지금 조선에서는 영양실조로 병에 걸려도 치료를 받지 못하여 죽어가는 사람이 점점 많아지고 있다. 우리 마을에는 로인과 어린 애기들이 매우 적다. 영양실조가 오면 제일 힘이 없는 로인과 어린 애기들이 먼저 죽는다. 아침마다 어느 구역에 사망자가 있으면 그 구역에서 처리하게 되어 있다. 그런데 서로 자기 구역에 있는 사망자를 다른 구역에 가만히 옮겨 놓는 현상도 많다. 그래서 서로 분쟁도 벌어지곤 한다. 앞으로 더 많은 사람이 굶어죽고 병들어 죽을 것이다. 별다른 방책이 없다.

불효자식이 되어

30대 중반, 남
함경북도 청진시, 철도공인, 98년 3월 월경.
96년 배급이 중단된 후 양친이 집을 나가 경성역전에서 사망.
처와 5살 된 아들이 있음.

　　나는 불효자식이다. 하늘이 나를 용서하지 않을 것이다. 아버지, 어머니는 자식들의 처지를 고려하여 친척 집으로 간다고 쪽지를 남겨놓고 집을 나가서 한지에서 떠돌며 빌어먹고 살다가 무서운 강추위를 못 견디고 객지에서 저승으로 갔다. 자식된 도리를 다하지 못한 원인도 있겠지만 나라 형편이 이렇게 되지 않았으면 어찌 이런 일을 꿈에라도 생각할 수 있겠는가? 물론 우리 조선의 형편에서 이런 일이 늘 생기곤 했지만 정작 내가 당하고 보니 꿈만 같다.

40대 초반, 여
함경남도 단천시, 노동자, 98년 6월 월경.
시부모가 모두 사망. 간염에 걸린 남편과
영양실조에 걸린 세 자녀가 있음.

　　정기적인 배급이 중단되자 출근하지 않고 시어머님과 함께 매일 산에 가서 나물을 뜯어다가 푸대죽으로 끼니를 이어왔다. 련로하신 시부모님은 자손들이 배곯는 것을 보고 희멀건 죽물도 다 마시지 않고 자신들은 조금 마시는 체하고 막내 손자에게 부어 주시고는 허리띠를 졸라매고 산에 감자, 옥수수를 심어 식량에 보태셨다. 그러나 련로하신 몸에 죽물도 배불리 드시지 못하고 일하시던 시어머니는 영양실조로 산에서 쓰러져 집에 모셔왔더니 하룻밤도 넘기지 못하고 돌아가셨다. 시아버지는 고혈압이 있는데도 고령에 돼기밭에서 고된 일을 하시다가 뇌출혈로 사망하셨다. 부모님이 돌아가셨는데도 관을 살 수 없어 낡은 비닐에 감아서 매장을 하고 아무런 장례 례절도 갖추지 못했다.

40대 중반, 여
함경남도 함흥시, 97년 12월 월경.
96년 시아버지와 시어머니를 한달 간격으로 여의고
97년 13살 된 아들을 잃음.

현재 조선은 가장 어려운 식량난에 허덕이고 있다. 근 삼 년간 배급이 끊어졌으니 이 기간에 겪은 곤란은 한 입으로는 다 말하기 어렵다. 이 기간에 우리집에서도 세 식구를 저승으로 보냈다. 96년 9월과 10월, 97년 7월에 선후로 우리와 고별했다. 시어머님은 자리에 누워 신음하면서 좁쌀죽을 먹어 봤으면 좋겠다는 말을 남기고 떠나셨다. 마지막으로 요구한 좁쌀죽도 대접 못하고 더구나 세투리(씀바귀) 섞인 죽도 넉넉하게 대접 못하고 세상을 뜨게 하였으니 며느리로서 무슨 할 말이 있겠는가? 부모님 생전에 세투리죽도 손주들에게 먹이려고 자신들은 몇 술 잡숫지 않고 놓았다. 그때 정경은 내가 죽기 전에는 머리속에서 사라지지 않을 것이다.

20대 중반, 남
함경남도 함흥시, 노동자, 98년 1월 월경.
4식구가 함께 살다가 부모 모두 사망하고
두 형제가 떠돌다가 국경을 건너옴.

아버지는 원래 목수였는데 목수 도구를 몽땅 장마당에 내다 팔았고 그것을 밑천으로 어머니가 떡장사를 하여 먹고 살았다. 여름에는 다 팔지 못하면 쉬어서 버리게 되므로 식구들이 먹었다. 결국은 다 털어먹고 아무것도 할 수 없는 형편이 되었다.

원래 위병이 심하던 어머니는 더는 장마당에 나갈 수 없게 되면서 아버지는 굶어 세상을 뜨셨고, 그 후 어머니도 잡수시지 못하다가 역시 세상을 뜨셨다. 량친 부모를 여의어도 상실 옷이 어디에 있으며 관이 어디에 있어 매장하겠는가? 방법이 없어 입던 헌 옷을 감아서 이불 속을 뜯어 덮어 매장하였다. 이게 어디 사람이 할

짓인가? 사람의 시신을 짐승 버리듯 하니 매장하고도 차마 발길이 돌려지지 않았다. 생각 끝에 중국에 와 보니 별세상이다. 일찍 왔다 갔으면 부모님들을 살렸으련만. 따뜻한 입밥 한 끼 대접 못한 이 자식의 도리가 너무도 가냘프구나.

40대 후반, 남
함경남도 함흥시, 노동자, 98년 2월 월경.
97년 양친이 모두 병에 걸려 사망, 처와 세 자녀가 있음.

　아버지와 어머니가 병에 걸렸으나 치료 한번 받지 못하고 이 세상을 하직하였다. 지금도 생각하면 피눈물이 난다. 폐결핵에 걸린 어머님께서는 드문드문 말씀하셨다. "젊은 너희들은 살아야 한다. 이 고장에서는 살 수가 없으니 중국으로 가거라…아이들을 살려야 한다…나도 살고는 싶다만 더는 살 힘이 없구나." 우리 어머님은 너무나도 비참히 말라서 돌아가셨다. 우리나라의 아버님, 어머님들은 모두 이렇게 세상을 떠나셨다.

아가야, 이 에미를 용서하거라

30대 중반, 여
량강도 혜산시, 97년 12월 월경.
97년 시부모가 사망하고 폐결핵에 걸린 남편과 4자녀가 있음.
3살 된 아들을 데리고 중국에 건너와 남의 집에 주었음.
10월에 월경하여 양식을 구해 북한으로 건너가 식구들에게 전해 주고
다시 12월에 월경하여 현재 식당에서 일하고 있음.

나는 집식구들을 살리려고 세 살 난 아들을 업고 중국으로 넘어왔다. 돈을 벌기 위해 마음을 독하게 먹고 세 살 난 아들을 자식이 없는 집에 주었다. 돌아서 오자니 눈물이 쏟아져 앞길을 가리웠다. 멀리 걸어 왔는데도 아들이 우는 소리가 처량하게 들려왔다. 부모 노릇도 못하면서 자식을 낳을 게 뭔가 하고 한탄하면서 걸어왔다. 중국에서 돈을 모아 조선에 가서 장사를 시작하려고 한다. 나는 최선을 다해 집식구들을 살리겠다.

30대 초반, 여
함경남도 함흥시, 노동자, 97년 12월 월경.
97년 8살 된 아들이 굶어죽음. 아버지와 어머니, 5살 된 딸을 두고
부부가 월경.

우리 부부는 살 길이 없어 하는 수 없이 아이를 버리고 죽을 각오를 하고 중국으로 왔다. 우리 인민반에서 보면 로인이 많이 사망

하고, 그 다음으로 아이들이 죽고, 온 식구가 몽땅 말 없이 행방 불명이 된 집도 있다. 한 집 어머니는 여섯 살 난 아이를 데리고 역전에 가서 "엄마 소변보고 오마" 하고 아이를 두고는 기차를 타고 떠난 적이 있다. 그 아이는 엄마 찾아 울고 또 울다가 그 역전에서 잠들고, 병들고 해서 죽었다.

    한번은 장사하러 평양에 갔는데 평양역에서 녀학생이 어린 애기를 안고 울고 있었다. 그 녀학생에게 사연을 물었더니, "나는 청진으로 가려고 차 시간을 기다리고 있는데, 어떤 아즈마이가 몇 달 밖에 안 되는 애기를 잠깐만 안아 달라고 하면서 급히 위생실에 갔습니다. 이미 청진으로 가는 차는 왔으나 애기를 안고 있으니 어쩔 수가 없어서 애기 엄마를 기다리고 기다리다가 애기를 던지지도 못하고 안고 갈 수도 없어서 하염없이 울고만 있습니다"라고 하였다.

    이런 일이 어찌 있을 수 있겠는가? 부모로서 자기 자식을 버린다는 것은 세상에 들어본 적이 없지만, 부모로서 자기 핏덩이가 굶어죽어가는 것을 차마 볼 수 없어 수없이 이렇게 한다.

20대 후반, 여
함경북도 명천군, 98년 2월 월경.
97년 4월 남편이 집을 나가고 혼자 남아 11월에 딸을 낳음.
먹을 것이 없어 굶다가 시집올 때 가져온 물건을 팔아
중국으로 오는 길에 2개월 된 딸을 버렸음.

낳은 지 두 달 반 되는 갓난 아이를 남의 집 문앞에 내려놓고 차마 돌려지지 않는 발길을 뒤로 하고 중국으로 건너왔다. 세상에 태어난 생명을 저버리는 이 에미를 얼마나 저주하겠는지? 와서 보니 너무나도 후회된다. 차라리 중국에 와서 남에게 주었으면 행복하게 살 수 있었을 텐데, 생각만 해도 가슴이 찢어지는 것 같다.

무슨 세상이 제 자식도 먹여 살릴 수 없으니, 중국에 와 어린아이만 봐도 미칠 것 같고, 죽었는지 살았는지 지금도 그 울음소리가 들리는 것 같으니 이 죄를 어찌 씻겠는지! 세상에 제 자식도 먹여 살릴 수 없는 나라가 또 어디에 있는지, 하늘이 무너져 천지개벽이라도 했으면 이 마음이 후련하겠는지…….

30대 후반, 여
함경북도 어랑군, 99년 1월 월경.

결혼 후 임신을 하게 되었는데 생활이 너무 힘들어 류산하려고 약을 몇 번이나 먹었지만 류산에 성공하지 못했다. 열 달이 되어 해산했는데, 약물과용으로 태어난 아기가 무골이었다. 나는 의식적으로 젖을 먹이지 않았지만 하루를 굶기고 다음날 먹이면 또 살아났다. 아이는 이미 세 살이지만 그냥 누워서 먹고 대소변도 받아 낸다. 생활은 날이 갈수록 더욱 더 곤란하여 무엇으로도 량식난을 대체할 수 없었다.

　의약계에서 아들을 실험용으로 쓰겠다 하면서 나를 설득했지만 동의하지 않았다. 나는 큰 마음을 먹고 어린 것을 업고 중국으로 도강하였지만, 아들은 한 농사꾼의 집 앞에 버렸다. 나는 지금 친척들의 도움으로 집으로 돌아갈 준비를 하고 있다. 나는 아주 독한 여자다. 가난한 생활이 나를 이 정도로 독하게 만들었다.

해체되는 가정

30대 중반, 여
함경북도 무산군

나에게는 자식이 셋 있다. 자식들을 먹여 살리기 위해 모든 것을 다해 보았다. 떡장사도 해 보고, 고기장사도 해 보고, 물건을 갖고 농촌으로 다니면서 량식과 바꾸기도 해 보았다. 하지만 내 힘으로 자식 셋을 먹여 살리기는 정말로 힘들었다. 그래서 남편에게 갈라지자고 말했다. 갈라지면 서로 힘이 적게 들 것이라고 생각했다. 남편은 직장에서 배급도 로임도 주지 않자 출근도 않고 방구석에 앉아 담배만 피워댔다. 집에 들어가면 담배와 석유냄새로 숨이 막

했고 이런 남편이 보기 싫었다. 그러던 중 나는 리혼을 제기했고, 남편은 할 수 없이 승락하였다. 하여 딸 둘은 내가, 아들은 남편이 데리고 살기로 했다. 나는 딸들을 먹여 살리기 위하여 힘차게 뛰어다녔다. 하지만 국물도 겨우 먹는 형편이었다. 쌀만 사 먹으면 좀 낫겠는데 비누도 사야지, 전기가 없으니 석유기름도 사야지, 모든 것을 다 사니 아무리 피나게 벌어도 차려지는 것은 국물뿐이었다. 생각 끝에 아이들을 본가 집에 맡기고 중국으로 건너왔다. 하루빨리 돈을 좀 모아 내 자식들이 살고 있는 곳으로 가고 싶다. 언제면 내 딸이 있는 곳으로 가게 될런지 알 길이 없다.

30대 중반, 남
함경북도 무산군

안해와 아들, 그렇게 세 식구가 살았다. 봄이 되면 들에 나가 풀을 뜯어먹고, 여름이 되면 농장에서 채 익지 않은 과실을 훔쳐 끓여먹고 살았다. 살기가 점점 힘들어지자 안해는 나와 어린 아들애를 버리고 어디론가 달아나 버렸다. 나는 눈앞이 캄캄하였다. 쌀 한 톨도 없는데다가 안해까지 달아나고 없으니 기가 막혔다. 끼니 때가 되면 가마에다 끓일 만한 것이 없었다. 어린 아들애는 배고프다 울지, 나도 며칠을 굶었더니 허기증이 나서 걸을 수도 없었다. 나는 모든 힘을 다 내어 산으로 갔다. 혹시 열매라도 있을지 모른다는 생각에서였다. 나는 질꽹이(아가위, 당구자, 아그배, 먹거나 약으로 쓰이는데 맛이 시다)며 먹을 만하다는 것은 다 먹었다. 그

랬더니 좀 기운이 났다. 나는 질꽹이를 한 주머니 따다가 아들애를 주었다. 그랬더니 좋아서 맛있게 먹어댔다. 그것을 보니 눈물이 앞을 가려 목이 메는 것을 억제할 수가 없었다. 생각다 못해 아들애를 어머니에게 맡기려고 집에 갔더니 아무도 없었다. 옆집 사람에게 물어보니 그 집 할머니는 집을 나간 지 한달이나 됐는데 종무소식이라는 것이었다. 어디 다니다가 돌아가시지 않았는지 알 수가 없었다. 다른 사람도 먹을 것을 찾아 중국으로 간다는데, 나 또한 살 길을 찾아 중국으로 가기로 마음먹었다. 그런데 아들은 누구에게 맡기고 간단 말인가? 생각다 못해 사촌누이 동생 집으로 발걸음을 옮겼다. 내가 가니 마침 점심이라고 통강냉이를 몇 알 넣은 냉이죽을 먹고 있었다. 내가 들어가자 동생은 반가와 하며 어서 들어오라고 하였다. 나는 그럴 새 없다고 하면서 아들애를 하루만 봐달라고 하였다. 내 동생은 기꺼이 그 청을 들어주었다. 하여 나는 두만강을 건너 중국으로 오게 되었다. 나는 중국에서 지금 근근히 살아가고 있다. 나는 밥술을 뜰 때마다 아들 생각에 모래알 씹는 듯하다.

50대 초반, 남
평안남도 개천시, 노동자, 97년 12월 월경.
96년 부모가 사망하고 97년 아내가 영양실조로 사망.
3남매 중 딸과 둘째 아들이 집을 나가고 큰 아들과 살다가 중국으로 옴.

안해는 집식구들을 먹여 살리려고 아침 일찍부터 저녁 늦게까지 산과 들에 나가 먹을 수 있는 나물을 뜯었다. 뜯어온 나물 중 일부분은 깨끗이 정리하여 팔고 일부분은 죽에 넣어 풀푸대죽으로 생계를 유지하면서 배급이 나오기를 기다렸다. 땔나무도 해서 팔고, 이삭주이도 해서 겨우 생계를 유지해 왔는데, 2년 동안 동서남북을 떠돌아다니던 안해는 지칠대로 지쳐 영양실조로 97년 6월에 저 세상을 가버렸다. 안해가 사망한 후 딸과 작은 아들은 말없이 집을 나가서 지금까지 소식이 없다. 두 자식이 들어오기만을 기다렸지만 집을 나간 지 2개월이 지나도록 아무런 소식도 없다. 생각하면 죽은 사람도 불쌍하지만 그보다 목숨은 붙어 있지만 거지가 되어 길가에서 정거장에서 장마당에서 헤매고 있을 자식들이 불쌍하기 그지없다. 나와 큰 아들은 그 아이들을 찾느라고 정거장에서 밤도 새워 보고 장마당에도 몇 백 번 돌아봤지만 죽었는지 종적을 찾을 수 없다. 외지로 찾으러 떠나려고 해도 떠날 처지가 못되었다. 흐르는 눈물을 속으로 삼키고 꼭 두 자식을 구하리라 결심하고 국경을 넘어왔다. 외삼촌을 찾아서 도움받은 물건과 량식을 가지고 가서 두 자식을 찾고 아버지로서 책임을 다 하려고 한다.

30대 초반, 남
함경북도 온성군, 노동자, 98년 8월 월경.
아버지, 어머니가 사망한 후 네 형제가 뿔뿔이 흩어짐.

우리집은 다 흩어지고 말았다. 부모님은 우리 자식들을 먹여 살리려고 산나물을 캐 오고, 벼뿌리와 소나무껍질을 벗겨 먹었으나 끼니를 이어가기 힘들었다. 결국 집식구들은 영양실조로 부종이 왔다. 이렇게 되어 고생하시던 부모님은 병이 났으나 치료도 받지 못하고 돌아가셨다. 그 후 남은 우리 형제들은 다 흩어져 어디론가

가 버렸다. 동생들은 꽃제비 생활을 하며 거지가 되었거나 중국으로 건너왔으리라 짐작되어 찾아보았지만 아직 소식을 모르고 있다.

30대 초반, 여
함경북도 청진시

나라에서 배급을 주지 않자 한 가정의 안해로서 구실을 못하고 중국에 왔다. 피나게 뛰면서 벌어도 차려지는 것은 죽물도 안 되니 남편과 자식들을 버리고 중국으로 도망쳐 왔다. 지금은 한 농촌에 와서 아이들과 같이 사는 남자와 살고 있다. 내가 조선에 있을 때 남편이라는 사람은 매일 술을 마시고 들어와 나를 두들겨 팰 때가 한두 번이 아니었다. 그러면 자식들은 울며불며 어머니를 때리지 말라고 야단이었다. 그렇게 되니 가정에 대한 애착은 없어지고 가정과 점점 멀어졌으며 계속 본가집에 와 있었다.

나는 땅뚜지(산에 나무를 베고 밭을 만드는 일)를 좀 해서 감자와 강냉이를 심었는데, 가을도 되기 전에 도적들이 다 뜯어다 먹었다. '나도 남의 것을 뜯어오리라' 마음 먹었다가도 내가 남의 것을 뜯어오면 그 집주인도 나같이 안타까운 심정일 것이라 생각하니 차마 남의 밭에 손을 대지 못하였다. 하지만 사람들은 다 내 심정 같지 않았다. 남을 생각하면 자기가 죽는다는 한 가지 개념밖에는 없었다. 나라에서는 매일 '전체는 하나를 위하여, 하나는 전체를 위하여'라는 구호를 부르게 하지만 배고프고 먹지 못한 인민들은 막무가내였다.

  시내에는 전기도 없고 물도 나오지 않고 땔나무도 없으니 농촌으로 자원하여 오는 사람들도 적지 않았다. 그 전 같으면 농촌에 가서 살라면 죽기보다 더 싫어하던 사람들이 지금은 할 수 없이 농촌으로 내려가는 사람들도 있었다. 나는 지금 중국에 와서 배부르게 먹고 살지만, 두고 온 자식들 생각으로 마음은 언제나 무겁고 발 편히 뻗고 잘 수가 없다. 매일 밤 꿈에 아들과 딸이 보인다. 그 아이들이 나타나서는 이 어머니를 저주하며 저 혼자만 살겠다고 도망치는 비겁한 자라고 나를 막 욕한다. 그럴 때마다 나는 소스라치며 꿈에서 깨어나곤 한다. 언제면 내 자식들이 있는 곁으로 가겠는지, 나는 부모로서 죄를 지은 어머니다.

떠도는 아이들

40대 초반, 여
함경남도 함흥시, 97년 11월 월경.
장사를 하며 살다가 97년 시동생과 남편이 굶어죽은 후 아들, 딸과 자살하려다가 딸이 말리는 바람에 죽지 못함. 현재 세 식구 모두 부종에 걸려 꼼짝 못하고 굶어죽게 되어 중국으로 건너옴.

함흥시는 꽃제비 세상이다. 다섯 살, 네 살, 세 살짜리도 있는데 차마 눈뜨고 볼 수가 없다. 남매가 꽃제비인데 다섯 살 누이가 세 살 난 남동생의 손을 쥐고 땅에 먹을 것을 찾아, 땅만 보면서 아장 아장 걸어다니는 비참한 모습은 하늘과 땅도 보고 눈물 흘릴 일이다.

40대 후반, 남
함경남도 함흥시, 노동자, 98년 2월 월경.
97년 양친이 모두 병에 걸려 사망, 처와 세 자녀가 있음.

부모 잃은 어린아이들의 처지는 영영토록 잊을 수가 없다. 8살 되고 심지어는 9살 난 아이들도 이빨이 나지 않으며, 머리카락이 나지 않는다. 영양실조로 어린아이들은 100% 기형이고 오관은 다 능란하지 못하다. 눈, 귀, 코, 입은 제대로 기능을 못하고 있다. 함흥시 역전에는 헤아릴 수 없이 많은 고아들이 자리잡고 있다. 하룻

밤만 자고 깨면 숱한 어린이와 로인들이 굶어죽고 있다. 한번은 장마당에서 어린아이들이 음식을 훔치다가 잡혀서 죽게 맞아 온몸이 피투성이 되었다. 그런데 동생더러 핥아 먹으라고 하니 철없는 5살 난 동생이 11살 난 형님 얼굴의 피를 핥아 먹고 있었다. 나도 자식 있는 부모라 어찌나 가슴 아픈지 "옥수수 튀움" 한 공기를 사주었더니 5살 난 애는 감동이 돼서인지 아니면 너무나 좋아서인지 "앙―" 하고 울면서 "아빠" 하고 엎드렸다. 독하고 독한 나도 눈물을 하염없이 흘렸다.

40대 초반, 남
함경북도 청진시, 노동자, 98년 5월 월경.

이 나라는 이미 망한 거나 다름없다. 어린 한 세대가 다 죽어갔고 또 죽어가고 있고, 살았다 하더라도 100% 기형적인 꽃제비들이니 역시 기형적인 머저리 나라가 될 것이다. 제일 문제는 부모 없는 꽃제비들이다. 장마당, 역전, 길마다 꽃제비들의 수용소고 사는 집이다. 어린아이들도 지금은 울지도 않고 강직하고 추워하지도 않고 어려움도 박차고 참아가고 있다. 어린아이들은 그 무슨 생각도 하지 않고 하루하루 먹을 것을 찾아 헤매고 있다. 그래도 그들은 함께 고생을 나누었던 친구가 죽으면 하염없이 눈물을 흘리면서 먹을 것을 좀 얻어다가 죽은 친구의 입에 넣어준다. 그리고 어떤 아이들은 친구가 죽으면 "니가 먼저 가거라. 나도 너한테 곧 갈 것 같다" 하면서 절을 하고 얼굴을 옷으로 덮어준다. 꽃제비들을

구할 방법은 전혀 없는 것인지…….

40대 초반, 남
함경남도 정평군, 노동자, 98년 8월 월경.
부모와 아들이 사망. 어린 두 아들을 두고
부부가 식량을 구하기 위해 중국으로 건너옴.

    량식을 얻으려 길가에 나섰다가 보았다. 몇 사람이 모여서 있기에 가 보니 세 살 짜리 녀자애는 누워서 자고 있고 옆에 앉은 다섯 살 남자애가 눈물을 똑똑 떨구면서 울고 있었다. 알고 보니 애 아버지는 이미 죽었고 엄마는 살 길이 없어서 두 애가 죽는 것을 눈 뜨고 차마 볼 수가 없어서 두 아이의 출생 년월일을 아들 손에 쥐어 주고는 사라져 자살의 길에 나섰다고 한다. 모여 섰던 어른들은 두 아이들에게 먹을 것을 조금씩 주는 것밖에는 어쩔 수가 없어 눈물을 흘렸다.
    우리 부부도 애들을 주려고 했던 떡 하나를 주면서 먹으라고 하니 애는 너무나 고마워하면서 "엄마ㅡ" 엉엉 울면서 동생에게로 가 "떡 먹어! 죽지 말아라. 니가 죽으면 엄마가 오질 않는다"며 누워 있는 동생의 입에 떡을 넣어 주었다. 애의 이 소리에 어른들은 소리치며 아이들과 함께 울다가 "이놈의 세상 빨리 번져져라(망해라). 아이들이 너무나 불쌍하구나" 하고 혀를 쩔쩔하며 걸어갔다.

20대 초반, 남
함경북도 명천군, 98년 6월 월경.
아버지는 병으로 누워 있고 어머니가 장사를 하여 생계를 이어 오다가 97년 10월 아버지가 사망하고 5일 후 어머니마저 사망하여 네 명의 아이들은 고아가 됨.

    부모님을 믿고 살던 우리 형제 넷은 불쌍한 고아가 되었다. 나는 동생들을 위해 마을 분들과 같이 산에 가서 나물도 뜯고 뗄나무도 하여 팔았다. 이웃 할머니의 도움으로 뗄나무를 단을 지어 헐값으로 팔아서 옥수수가루를 조금 사다가 산나물과 섞어서 푸대죽을 해 먹었다. 작은 동생과 막내는 영양실조로 실명하여 학교도 못 가게 되었다. 큰 동생은 나와 함께 산나물을 뜯으러 다녀 학교를 못 가고 있다. 아무리 애를 써도 하루에 죽물 두 번도 겨우 먹고 살았다. 어느 날 작은 동생이 자기 동무가 중국에 가서 맛좋은 음식을 먹고 왔다고 하였다. 나는 큰 동생에게 "내가 작은 동생을 데리고 중국에 가서 돈을 벌어 올테니, 막내와 같이 내가 돌아올 때까지 곤란을 극복하면서 꼭 집에 있으라"고 당부하고 작은 동생만 데리고 남양에 왔다. 강 옆 숲속에서 며칠 있는 동안 남양역에 밀가루 포대들이 있어서 나뭇가지로 구멍을 내고 비닐봉지에 밀가루를 받은 다음 강가로 와서 생밀가루를 먹었다. 새벽 2시경 나는 동생 손을 잡고 물을 건너는데 물살에 밀려서 다리 밑까지 내려왔다. 날은 훤히 밝아오고 있었다. 우리 두 형제는 일어나 두리번거리면서 살펴보니 중국경내였다. 나는 동생을 데리고 강기슭을 따라 물이 흐르는 방향으로 가는데 고기잡는 아바이를 만났다. 그 아바이가 우리를 어떤 할아버지 집으로 데려다 주었다. 나는 할아버지를 도와서 돼지죽을 날랐다. 조선에 동생이 둘이 있다고 하니 할아버지는 "물이 줄면 돈을 준비해 줄테니 집에 가거라. 몹시 곤란하면 나를 찾아오라"고 했다. 나는 눈물이 저절로 흘렀다. 우리 조선이 통일되어 잘살게 되면 꼭 할아버지를 잘 모실 생각을 했다.

60대 후반, 여
함경남도 함흥시, 97년 11월 월경.
97년 남편과 딸, 사위, 12살 손자, 10살 손녀가 모두 굶어죽고
8살 된 손녀마저 꽃제비로 다니다가 굶어 죽음.

  -함흥시 역전 안에 꽃제비 아이들이 추워서 들어가면 역전 안 내원이 때리고 욕해서 밖으로 내쫓는다. 안전원들도 꽃제비 아이들이 거리에 다니지 못하게 내쫓는다. 그러면 이층집 벽에 수많은 아이들이 모여든다. 밤에는 배고프고 춥고 엄마, 아빠 생각이 나서 우는 처량한 꽃제비 울음소리에 밤 잠을 들 수가 없다.
  -락원군에서는 언덕이 있다. 꽃제비 아이들이 역전과 장마당에서 내쫓기면 시내로 가고 거리에서 쫓기면 아파트 벽에 붙어 있다가 또 먼 곳으로 가라고 똘구면 락원군 언덕에 모여드는데 사나운 바람이 불어오면 바람이 부는 반대 방향으로 뛰어다니고 기어다니면서 추운 바람을 피한다. 남쪽에서 북쪽바람이 불면 남쪽에 몰려 들어 엎드려 있거나 앉아 있고, 어두워지면 숱한 꽃제비들이 한결같이 울고, 울다가 자는 아이는 자고, 병들어 일어나지 못하는 꽃제비도 있다. 굶다가 영영 일어나지 못하고 있는 꽃제비가 너무나 많다. 그래서 락원군의 이 언덕을 꽃제비들의 죽음의 락원이라 부르고, 찾는 꽃제비가 있어 그곳에 가면 영락없이 죽었거나 드물게 살아 있는 꽃제비를 찾을 수 있다.

30대 후반, 여
함경남도 신흥군, 97년 12월 월경.
시부모는 병으로, 10살 된 딸은 영양실조로 사망.
장사를 하다가 강도를 당하고 97년 봄부터는 밭이며 공장에서
도둑질을 하며 살다가 훔칠 것도 없어져 중국으로 건너옴.

초저녁이 되면 꽃제비들이 울면서 헤매고 다닌다. 부모 없는 고아들이 얼어죽고, 굶어죽고 앓아 죽어도 누구 하나 관계치 않으며 거들떠보지도 않는다. 고아들이 무리를 지어 다니다가 한 아이가 울면 함께 울음보가 터져 "엄마, 아빠, 추워. 배고파." 하면서 울다가 쓰러져 자곤 한다. 우리 마을에 쓰레기를 던지는 구덩이가 있는데 그곳이 꽃제비들의 집이 되었다. 재를 던진 곳에 온기가 있다고 하여 앉아 있거나 누워 있다. 아침에 그곳에 가면 몇 십 명의 고아들이 눈을 감지 않고 원한을 품고 손가락을 입에 물고 얼어죽거나 굶어죽어 있다. 추운 겨울에도 솜옷을 입지 않고 부들부들 떨고 다닌다.

30대 중반, 남
함경북도 청진시, 노동자, 98년 2월 월경.
97년 7살 된 딸이 병으로 사망.
폐병에 걸린 처와 영양실조에 걸린 10살 된 아들이 있음.

역전과 장마당은 거지와 꽃제비, 강도가 출몰하는 가장 "번화"한 곳이다. 그래서 그곳에 자연히 주검도 많다. 꽃제비들은 단체로 다니며 장마당 장사꾼의 음식 그릇을 엎어뜨리고는 희생적으로 한두 놈이 매 맞는 사이 나머지 놈들은 음식을 훔쳐 가서는 나누어

먹으며 희생적으로 매 맞는 애의 몫은 넉넉히 남겨준다. 때로는 맞으면서도 입에 음식물을 쑤셔 넣기도 하고, 심한 경우에는 맞아 숨지는 경우도 있다.

20대 초반, 여
함경북도 무산군, 98년 7월 월경.
부모를 모두 여의고 네 형제가 남았음.

    우리집 두 어른은 모두 굶어서 돌아가셨다. 그 후 동생들은 모두 집을 나가 들어오지 않고 밥을 빌어먹으러 다녔다. 하루는 피투성이가 된 얼굴을 한 둘째 동생을 막내가 팔을 끌고 집으로 왔다. 자초지종을 알아보니 5원 때문이었다. 동생이 번 돈을 다른 아이가 빼앗으니 서로 때리고 싸우다가 코피가 터져서 집으로 온 것이었다. 따뜻한 구들은 없어도 자기가 사는 집이라고 두 형제가 찾아온 것이다. 나는 동생들을 안고 울었다.
    우리는 맨 산나물만 먹어도 절대 밖에 나가서 빌어먹지 말자고 약속했다. 나는 동생들을 구하려고 큰 맘 먹고 중국에 계시는 이모를 찾아 떠나왔다.

조선의 여성들

50대 후반, 여
평안남도 양덕군, 농민, 98년 3월 월경.
97년 남편이 장티푸스로 사망. 아들은 장티푸스,
며느리는 해산 후 허약증, 2살 된 손녀는 영양실조에 걸림.

　조선에서 량식난으로 제일 곤란해진 것은 산모들이다. 산모가 해산해도 따뜻한 입밥 한 그릇 먹지 못하고 고기국물 한 그릇 마시지 못하니 건강이 회복될래야 될 수가 없다. 지금 처녀들은 시집가려 하지 않고 새색시들은 아이를 낳으려 하지 않는다. 의료 조치가 따라 가지 못하기 때문에 근본 피임약도 없거니와 임신을 해도 류산은 엄두도 내지 못한다. 나라가 이 지경이니 인구가 대폭적으로 줄어든다. 산모가 해산을 해도 한 병실에 산모 4명 중 옥수수밥이라도 가져오는 집은 한 집 밖에 없고 그 나머지는 멀건 죽도 배불리 먹지 못했다.

20대 후반, 여
함경북도 경성군, 노동자, 98년 6월 월경.
시어머니와 4살 난 딸이 사망. 남편은 중국에 갔다 온다고 한 후
소식이 없음. 7개월 된 아기를 버리고 중국으로 건너옴.

　해산을 앞두고 남편은 중국에 양식을 구하기 위해 떠난 후 8달

이 지났는데 지금까지 아무런 소식이 없다. 남편이 떠난 후 나는 97년 12월에 해산했는데, 시어머니는 신병이 심하여 내가 간호를 해야 할 지경이었다. 친정어머니와 형제들은 모두 전염병으로 사망하였다. 나는 혼자 해산하고 혼자 불을 때고 미리 조금 준비해 놓았던 옥수수가루와 말린 산나물을 끓여서 푸대죽을 해 먹었다. 나무도 거의 다 때고 없어서 근방에 나가 쑥을 뜯어서 불을 때고도 집안이 너무 추워서 이불을 쓰고 앉아 있었다. 이웃집 할머니가 이런 나를 보고 불쌍히 여겨 나무 한 단과 산나물 말린 것 한 줌을 가져다주어 간신히 굶어죽지 않고 살았다. 내가 해산한 후 10일 뒤 시어머니는 아들을 기다리다 세상을 떠났다. 나는 아무런 례의도 없이 시어머니를 관에 넣지도 못하고 마을 분들의 도움으로 매장하였다.

　시어머니께서 덮던 이불과 옷을 농촌에 가지고 가서 량식과 바꿔 먹었다. 또한 배추밭에 기서 썩은 배춧잎을 주어 말려 낮에는 밖에 내 놓고 밤에는 집에 들여놓았다. 이렇게 살면서 남편을 기다렸지만 돌아오지 않아서 죽을 각오를 하고 집을 팔아서 차비를 준비하고 남편을 찾아 떠났다. 남편이 떠난 후 시어머니와 딸을 여의고 아들 하나 밖에 남지 않았는데 젖이 없어서 배고픈 울음을 맥없이 한다. 나는 아이를 업고 회령까지 오다가 어린애가 울면 도강할 때 잡힐까봐 어린애를 병원에 가서 창문 턱에 놓고 한 아이에게 '변소가는 동안에 아이를 봐 달라' 하고 정신없이 달려서 강기슭을 찾아왔다. 숲속에 앉아 있으니 어린애 울음소리가 귓전에 들리는 것만 같았다. 중국에 겨우 찾아왔지만 남편의 종적은 찾아볼 수 없고 나는 미칠 것만 같다.

20대 초반, 여
함경북도 길주군, 농민.
장사꾼에 팔려서 중국으로 시집옴.

조선에 있을 때 농장에서 일했다. 허나 농장에서 일해도 먹을 량식이 없어 츨츨 굶어 살았다. 가을에 분배를 한다 쳐도 한 달이나 두 달 가량의 량식밖에 주지 않는다. 그것으로 어떻게 1년 먹고 살며 농사를 짓는단 말인가? 우리는 몇 해째 봄이 오면 독이 없는 풀에 강냉이가루를 섞어 푸대죽을 해 먹곤 하였다. 여름이 되면 익지 않은 실과도 따다가 끓여 먹고 근근히 살아왔다. 길주는 바다를 끼고 있어 맛있는 물고기도 많은데 그 물고기들이 다 어디로 사라져 버리는지 모르겠다. 다 간부들의 입으로 들어가서 우리 농민들은 괴기 맛을 볼 수도 없었다. 나는 먹고 지낼 것이 없어 시집 간 언니네 집으로 갔다. 언니는 장마당에 장사 나갔다가 들어왔다. 먹을 것이 있으면 나눠달라고 하자, 언니는 자기네도 지금 쌀이 하나도

없어 조카들이 굶고 있다고 하였다. 그러던 중 언니는 나에게 중국에 갈 생각이 없느냐고 물었다. 여기 처녀들을 중국에 팔아먹는 장사꾼이 하나 있는데 어제도 중국에 들어갔다는 것이다. 나는 많이 생각하다가 가겠다고 말하였다. 그러면 그 돈으로 부모님이 얼마간 입에 풀칠이라도 할 수 있지 않겠는가. 중국에 들어가면 배 곯는 고생은 하지 않아도 되는 것이다. 언니는 나를 보더니 한참 울었다. 나는 이렇게 사람장사꾼의 손을 거쳐 중국으로 팔려왔다. 그 장사꾼은 어느 시골의 나이 먹은 총각에게 나를 팔았다. 그렇게 해서 나는 중국사람과 살게 되었다.

나는 말하고 싶다. 어째서 사람이 개처럼 팔려다녀야 하는가. 누구의 탓인가. 제 나라에서 살지 못하고 팔려 올 때에 그 나라 현실은 말을 안 해도 알 것이다.

20대 중반, 여
함경북도 청진시, 노동자, 98년 2월 월경.
96년 할아버지, 할머니가 영양실조로 사망. 부모의 권유로 중국사람에게 시집 옴.

세상에서 어느 집 부모가 자기 자식이 잘살기를 원하지 않겠는가? 우리집 부모도 마찬가지다. 특히 딸 가진 부모는 자기 딸을 좋은 남자에게 시집 보내려고 한다. 청진은 매일 굶어죽는 사람이 수없이 많다. 마을에서 굶어죽는 사람이 있을 때마다 우리 부모는 언니와 나에게 외국에 시집가더라도 죽는 것보다 낫지 않느냐? 집 부담도 덜고 중국에 가서 시집가라고 권유하였다. 언니는 동의하지 않았으나 나는 부모님의 의도대로 무산을 거쳐 화룡에 와서 조선족 총각과 결혼하였다. 마침 마음 좋은 남자를 만나서 사랑을 받고 근심 없이 살고 있다. 좋은 옷을 입고 매일 입밥을 먹을 때마다 굶고 있을 부모님이 머리에 떠올라 눈물이 비처럼 내려 밥을 먹을 수가 없다. 남편은 자기가 식량을 가지고 조선에 가서 우리 부모를 만나 보겠다고 나를 위로한다. 중국에서 배불리 먹으나 마음은 언제나 부모와 조선에 있다. 왜 제 나라에서 시집가지 못하고 중국에 시집가야 하는가? 이것은 모두 무엇 때문인가?

30대 중반, 여
함경북도 회령시, 공인, 98년 2월 월경.
이혼 후 부모와 함께 살면서 장사를 하러 다니다 온 식구가 장티푸스에 걸려 장사도 더 할 수 없어져 중국으로 건너옴.

나는 원래 생육할 수 있는 녀성이었다. 첫 아이를 죽이고 둘째 아이 임신 때 임신인 줄 모르고 자궁에 있는 혹을 수술하다가 잘못하여 생육기능을 상실하게 되었다. 외아들 집에 시집간 나는 방법 없이 리혼하고 어머님을 모시고 살고 있었다. 수술 후 대 출혈이 있어 생명이 위급하였지만 시집생활이 넉넉치 못하니 어디에 가 약을 사오겠는가. 한달이 넘도록 출혈이 계속돼 더는 살 가망이 없다 할 때 중국 손님의 지원으로 구사일생 살게 되었다. 지금 생각하면 자식 낳지 못한 것도 행운으로 생각된다. 현 상황에서 자식 낳아 제대로 먹일 수 없으니 차라리 낳지 않은 것이 마음 편한 셈이다. 녀자들은 자식을 낳으려 하지 않고 처녀들은 시집가려 하지 않는다. 먹고 살기 힘든 이 세상에서, 꽃제비가 넘쳐나는 이 땅에서 자식을 낳아도 제대로 먹이지 못하고 거지로 만드니 말이다. 사람이 사는 것이 너무나 힘들다. 사는 것이 죽는 것보다 못하다. 조선에서는 녀자가 많이 움직여야 산다. 남자들은 봉건적인 영향으로 로동을 잘 하지 않는다. 근근히 짐을 날라 장마당에 가져다 주면 고작이다. 조선의 녀성은 참으로 불쌍하다. 중국에 와 보니 남자도 녀자 일을 하고 서로 존중하고 도우니 참 부럽다. 조선이 하루빨리 통일이 되어야 우리도 마음 편히 잘살 수 있겠는데.

40대 중반, 여
함경북도 부령군, 98년 6월 월경.
남편은 간염으로, 두 딸은 영양실조로 사망.
남은 세 자녀를 살리기 위해 중국으로 건너옴.

　배급이 중단되자 집식구들이 다 굶어죽을 것 같아 어찌 할 바를 모르고 한숨만 쉬었다. 남편이 간염환자라서 아무 일도 하지 못한다. 이 여섯 생명은 나에게 의지하고 있는데 참말 기가 막혔다. 처음에는 산나물을 캐서 그 일부를 팔아 옥수수가루를 사서 푸대죽을 쑤어 먹었다. 계속 배급은 나오지 않고 먹을 것이 전혀 없어 아해들이 굶고 있음을 중국에 계시는 사촌오빠에게 편지로 알렸다. 사촌오빠는 한달 후에, 조선 남양에까지 많은 식량과 물건을 건네 주었다. 그것으로 거의 죽어가는 아해들을 살리고 장사를 하여 한동안 생활을 유지하였다. 외지에 다니며 장사를 해야 하는데 녀자로서 이 흉년에 장사를 외지로 다닌다는 것은 대단히 위험한 일이었다. 장사를 다니면서 몇 번이나 죽을 위험을 넘겼는지 모른다. 또 적지 않은 물건을 강도에게 빼앗기기도 하였다. 그래도 장사를 하지 않으면 아해들을 살릴 방법이 없기에 생명의 위험을 무

릅쓰고 장사길에 나섰으나 집식구를 먹여 살리기 곤란하였다. 아해들은 영양실조가 오고 남편은 감염이 더 중하여 끝내 사망하고 말았다. 그 후 두 아이들마저 영양실조로 죽고 보니 나머지 식구들이 근심되어 마음을 크게 먹고 중국에 계신 사촌오빠 집에 지원받으러 왔다.

40대 초반, 여
함경남도 함흥시, 노동자, 98년 6월 월경.
15살 된 딸이 영양실조로 사망. 남편과 딸이 하나 있음.

조선 전체는 녀성이 애써 벌어서 산다. 생계유지를 하는 것도 녀성이 주력군이다. 참말 말해서 '종이 한 장도 맞들면 가볍다'고 하는데 힘들게 살수록 서로 사랑하고 서로 관심하고 서로 아껴 살아가야 할 터인데 조선남성들은 그렇지 않다. 그래서 조선에서는 '남편은 불평이'라고들 한다. 남편이 한 세대를 지키고 살아가는 것이 아니라 술 없어 불평, 량식 없어 불평, 맥 없어 불평, 힘들어서 불평, 불평, 불평, 남편은 불평하기에 조선의 녀성은 서로서로들 "집에 불평 있소?"라고들 한다. 불쌍한 것은 녀성이다. 녀성이 없으면 남성은 가정을 꾸려나갈 수가 없다.

엄마 있는 아이는 아빠가 없어도 꽃제비가 되지 않지만 엄마가 죽고 아빠만 있는 아이들은 대부분 꽃제비가 된다. 자기 자신도 건사하지 못하고 있는 아빠가 많다. 그래서 꽃제비 아이들은 만나기만 하면 묻기를, "엄마가 없어?" 하고 묻는다.

치료받지 못하는 사람들[3]

40대 초반, 남
함경남도, 의사, 99년 1월 월경.
양친 모두 97년 사망하고 98년 12월 아내가 아이를 낳다가 죽은 후
돈과 약을 구하기 위해 어린 자식을 누이에게 맡겨놓고 중국으로 건너옴.

조선의 의사들은 구역 담당제로 되어 있기에 구역의 예방치료와 구역 주민들의 건강관리를 책임지며 위생선전사업을 진행한다. 병치료 체계는 리, 노동자구, 읍에는 진료소 아니면 병원이 있는데 이 병원에서 치료할 수 없으면 군병원, 군병원에서 할 수 없으면 도병원, 도병원이 아니면 중앙적십자병원으로 옮겨진다. 약품은 중앙에서 도, 도에서 군, 군에서 각 병원으로 넘겨지는데 큰 광산, 탄광은 도에서 직접 받는다.

그런데 약품이 공급되면 군당 교육보건부장이 그 명세를 보고 좋은 약은 간부들에게 배정한다. 그러기에 평민들은 그런 약을 구

---

[3] 북한의 주민들은 장기간의 식량난으로 영양실조 상태에 놓여있기 때문에 질병에 대한 저항력과 면역기능이 매우 약하다. 그러므로 가벼운 질병에도 사망하는 경우가 많다. 특히 북한은 절대적으로 의약품과 의료시설, 의료기자재가 부족해서 병에 걸려도 치료받지 못하고 있다. 식량난 이후 북한주민들의 사망원인은 아사가 38.8%로 가장 높고 질병에 의한 사망원인은 폐결핵과 파라티푸스가 큰 비중을 차지하고 있다. 생존자들의 건강상태는 영양실조인 사람이 24.4%로 가장 높고 질병을 앓고 있는 사람은 폐결핵, 간염, 위장병, 심장병 등의 순으로 나타났다. 이러한 질병들은 영양결핍으로 인한 면역기능의 약화 속에서 더욱 확산되고 있다.

경도 못하고 의사들은 처방만 하게 된다. 그러기에 각 병원에서는 초약을 심거나 산에서 약초를 캐서 병치료를 하게 한다. 어떤 때는 의사들이 약 이름을 써 주면 개인이 장마당에 나가 사는데 어떤 약은 가짜여서 생명을 위협받을 때가 적지 않다. 백에 백 가지가 모두 없으니 어지간한 병도 저항력이 약해 숨지는 현상이 비일비재다.

30대 후반, 남
함경북도 어랑군, 노동자, 98년 1월 월경.
96년 아버지가 굶어 사망하고 병으로 누워 있는 어머니와 처, 그리고 12살 된 딸을 두고 중국으로 건너옴.

    나의 처는 장티푸스에 걸렸어도 돈이 없어 약을 제대로 쓰지 못하였는데 천한 몸이여서인지 허약한 몸으로 죽을 고비를 면하였다. 나는 아침 일찍부터 밤늦게까지 벌판과 산을 헤매 먹을 수 있는 것은 모두 거두어다 먹어야 했기 때문에 12살 난 딸이 어머니와 할머니를 위하여 산에 가서 초약을 캐 왔다.
    딸은 배가 고파도 말 한 마디 없이 엄마 없이는 못 산다고 하면서 산을 오르내렸다. 산을 다니면서 몇 번이고 굴러서 살가죽이 벗겨진 것을 볼 때마다 온 집식구가 눈물을 흘렸다. 병세가 더할 때는 화교 집에 가서 약 몇 알씩 빌어와서 대접하곤 하였다. 부친이 굶어 돌아가신 후 어머님은 한탄 속에서 세월을 보내다 몸져 누우셨다. 이것이 어찌 사회주의 국가에서 볼 수 있는 현상인가?

40대, 남
함경남도 단천시, 직장원, 98년 4월 월경.
96년과 97년 부모님이 병으로 사망하고 12살 난 딸이 행방불명됨.
아내와 아들, 딸 모두가 피부병에 걸렸음.

 집사람도 아이들도 피부병에 걸려 어려움을 받고 있다. 참말 말을 어디서부터 해야 할지 도무지 서두가 잡히질 않는다. 피부병은 고통스럽고 추접다. 피부가 헐다 보니 곪아서 고름과 진물이 질질 나는데다 가렵고, 나아지는 상처는 간지러워 긁지도 못하고 때리지도 못하며 뛰지도 못하고 앉지도 못하는 처지다. 조금만 가만히 있으면 파리 성화에 죽을 지경이다. 손가락 하나 까딱 못하는 처지에 파리를 쫓는다는 것도 힘든 일이라 옆에서 건드려 줘야 한다. 작은 딸도 피부병인데 특히 발이 심하다. 밤이면 잠결에 긁어 놓아 발바닥까지 물 고름이 나는데, 그 몸으로 집을 나갔다. 9월 더운 여름에 발에 구더기가 욱실거릴 텐데, 그런 추접고 어지러운 아이는 팔지도 잡지도 못할 텐데 찾을 길이 없다. 부모로서 차라리 죽고 싶은 생각밖에 없다. 살아야 별 수가 없다. 참! 어떻게 했으면 좋을지 모르겠다.

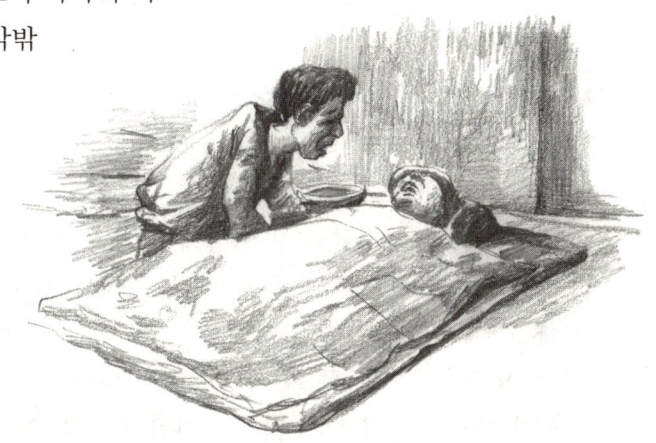

40대 초반, 남
함경북도 회령시, 직장원, 98년 1월 월경.
아버지가 심장병으로 사망. 고혈압인 어머니와 아내, 세 자녀가 있음.

폐병에 걸려 누워서 죽는 날만 기다리다 혹시 무사히 도강해서 중국에 가면 치료할 수 있지 않을까 해서 용기를 내어 왔다. 중국에 오자마자 외삼촌의 지극한 관심하에 약물치료를 받기 시작했다. 40세 넘도록 약 한 첩 먹지 않을 정도로 건강했는데, 큰 병에 걸려 치료받지 못하던 차에 중국에 온 후 치료하니 약효과가 아주 빨랐다. 미열도 해결되고 이제 정신이 난다. 우리 조선에는 결핵환자들이 점점 늘어가고 있지만 약이 없어서 치료 못하고 혹시 약이 있어도 가격이 비싸 치료받기가 힘들다. 나는 약을 가지고 조선으로 돌아가려고 한다. 어머님도 병석에 계시지, 집식구들은 어떠한지, 굶어죽지는 않았는지, 지원한 량식을 가지고 돌아가려고 한다.

40대 초반, 여
함경북도 길주군, 노동자, 98년 2월 월경.
97년 시아버지가 병으로 사망하고 시어머니와 남편, 두 남매가 있음.

우리집 식구들은 지금 모두 뼈밖에 없는 사람 같다. 들채를 너무 많이 먹은 탓인지 계속 설사를 한다. 그래서 송기떡을 해 먹으면 설사는 멎지만 변비가 심하다. 약은 얻기도 힘들지만 약 살 돈도 없다. 딸은 계속 설사를 한다. 지금 형편에서 계속 설사하면 곧 잘못될 것 같다. 이번에 와서 많은 설사약과 기타 약품들을 지원받

앉다. 중국에 와 보니 중국인민들은 정말 잘살고 있다. 집집마다 오붓하게 모여 앉아 볶은 고기채도 먹기 싫어 토장을 끓여서 먹는다. 이제 돌아가 량식 고생할 것을 생각하면 정말 앞길이 캄캄하다.

지금 우리 조선 인민은 절대 다수가 기아에 허덕이고 있다. 추운 겨울에는 얼어죽는 사람이 많고 더운 때에는 전염병이 심하여 한 가정을 쓰러 눕힐 때도 있다. 가장 불쌍한 것은 어린아이다. 한창 배울 나이에 거지가 되어 사방을 떠돌아다니면서 얻어먹으니 얼마나 기가 찰 일인가?

성한 사람도 살기 힘든데

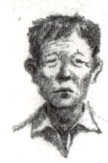

40대 초반, 남
함경북도 청진시, 공인, 98년 4월 월경.

안해가 불구로 집에서 움직이지 못하고 있어 식량을 구하기가 매우 힘들었다. 그래서 나는 직장을 그만두고 학교에 다니는 딸까지 아예 학교에서 뚝 떼다가 둘이서 전문 잡화장사를 하였다. 그렇게 해도 입에 풀칠하기가 힘들었다. 안해는 움직일 수 없는 몸이어서 그저 집에 앉아 눈물로 나날을 보냈다. 그러다가 안해는 너무나도 참기 어려워 97년 7월에 집에서 우리가 없는 틈을 타서 약을 먹고 저 세상으로 가고 말았다. 그 후 나는 딸과 함께 갖은 고생을 다 하면서 지내다가 이번에 죽음을 각오하고 딸과 함께 국경을 넘어 살 길을 찾자고 왔다.

40대 초반, 남
함경북도, 98년 1월 월경.
97년 아버지가 사망. 다리가 불구인 아내와 두 남매가 있음.

우리 가정은 불구자 가정이다. 나는 한쪽 손목이 없고 나의 처는 다리가 불구다. 그러다 보니 다른 사람보다 살기가 더 힘들다. 남들처럼 마음껏 다닐 수도 없기 때문에 얻을 수 있는 물건도 없다. 그렇다고 앉아 굶어죽기만 기다릴 수가 없어 중국으로 왔다. 아이들이 배가 고프니 장마당에 나가 빌어먹고 훔쳐 먹다가 맞아서 피투성이 되어 들어올 때면 그 터지는 가슴 달랠 수가 없다. 생명을 가졌으니 살아야 되겠는데 그 꼴 보기 거북하여도 별수가 없고 부모의 도리가 아니여도 별 도리가 없다 성한 사람도 살기 힘든 이 세상에 우리 불구자는 더 어떻게 살 수 있겠는지!

30대 후반, 여
황해남도, 공인, 98년 3월 월경.
딸이 폐결핵으로 사망. 장애자인 남편과 아들이 하나 있음.

정기적인 식량공급이 끊긴 후 날마다 참혹한 현실만이 눈앞에 나타난다. 남편은 불구로 삼륜차를 타고 다니는데다가 식구 4명을 혼자 먹여 살릴 일이 너무도 까마득하다. 그래도 남편은 손재간으로 시계도 수리하면서 지금껏 살림에 보탬을 주었는데 이제는 그것도 벌이가 되지 않는다. 로임이 없는데다 장사 밑천까지 없는 나로서는 도저히 살 수가 없다.

남편은 나라를 위해 일하다가 불구가 되었지만 식량난이 드니 나라에서 남달리 관심이 없고 죽든살든 관계치 않는다. 이것이 사회주의 제도하에서 있을 수 있는 일인가? 그 어떤 나라든지 나라를 위해 목숨을 바친다든가 조국건설에서 자신이 불구가 되었을 때 그래도 어느 정도는 배려가 있어야 하지 않는가. 그런데 나라

형편이 곤란하다고
해서 이런 사람
들에게
무관심해
서야 되겠
는가. 우리
딸은 아이때
부터 허약
했었는데
열 두 살이 되도록
몸을 추스리지 못하고 점점 약해지다가
결국 지난 해에 죽고 말았다. 돈이 있고 약만 있었다면 얼마든지
살 수 있었는데. 우리 가정을 생각하면 어떻게든 돈을 벌어야겠다
는 생각뿐이다.

이것이 사람 사는 세상입니까

40대 후반, 남
함경남도 함흥시, 노동자, 98년 1월 월경.
97년 아버지와 딸이 사망. 병들어 누워 있는 아내와 영양실조에 걸린 세 자녀를 두고 중국으로 건너옴.

 부모가 자식을 팔아먹고, 심지어 잡아먹으며 남편이 아내를 팔아먹고 잡아먹는 일들이 적지 않아 총살까지 당한 일들이 있다. 우리 인민반에도 예외가 아니다. 끔찍스럽게 죽은 아이를 공공연하게 삶아먹는 사람이 있는가 하면 밝은 대낮에도 강도질을 하니 밤이나 낮이나 안전감이 없어 난감하다. 집식구가 몽땅 행방불명이 되기도 하고, 한 집에서는 식구가 모두 집체자살까지 했다. 이 세상에 볼 수도 없고 들을 수도 없는 무시무시한 일들이 바로 조선에서 일어난다.

30대 초반, 남
함경북도 명천군, 탄광공인, 98년 2월 월경.
5살, 3살된 딸과 어머니와 처, 식구를 모두 데리고 중국으로 건너옴.
하루 세 끼 강냉이 밥이라도 먹는 것이 소원이라고 함.

 재작년에 어떤 부부가 재산을 다 팔아 량식으로 바꿔먹고, 남은 것이라고는 입쌀 1킬로그램 살 수 있는 돈이었다. 그것으로 꽃제비를 죽여 고기국을 만들어 팔아 재산을 많이 늘렸다. 마지막에는 대낮에 16살 난 꽃제비를 다리 밑에서 죽였는데, 지나가던 사람이 그 소리를 듣고 안전부에 알려 총살하게 되었다.

60대 후반, 여
함경남도 함흥시, 97년 11월 월경.
97년 남편과 딸, 사위, 12살 손자, 10살 손녀가 모두 굶어죽고
8살 된 손녀마저 꽃제비로 다니다가 굶어죽음.

─짐승이 짐승을 잡아먹지만 사람이 사람을 잡아먹는다는 것은 도저히 용서할 수 없는 짐승만 못한 일이다.
그러나 함흥시에는 사람을 잡아먹는 인간들이 있다. 안전원이 밤에 시내로 안전검사를 다니다가 구루마를 끌고가는 한 남자를 보고 물으니 돼지를 잡아 싣고 가는 중이라고 하는데 의심이 가서 상세히 검사를 해 보니 사람이었다고 한다.

그 자리에서 안전과에 붙잡혀서 사형 판결을 받았다고 한다. 안전원이 저녁이면 해변가를 순시하고 있는데, 한 아주머니가 돼지 밸을 씻는다고 하는데 의심이 가서 그 아주머니 집까지 따라가서 보니 사람 고기를 삶아서 한창 먹고 있는 중이여서 당장 압송하여 안전과에 갔다고 한다.

－함흥시 병원 내과의사(남성)는 도저히 살 수가 없어서 1997년 6월경에 집체자살을 하였다. 의사, 안해, 아들 둘, 딸 둘 모두 여섯인데 저녁식사 생활개선을 한다고 하고 "입밥과 명태국"에 약을 넣어 온 집식구가 다 먹고, 여섯이 몽땅 자살하였다. 이 이야기가 퍼지자 "야, 통쾌하게 잘 죽었구나" 우리에게도 약이 있으면 집체자살을 하겠는데, 하고 너도나도 부러워했다.

40대 중반, 남
함경북도 어랑군, 직장원, 98년 7월 월경.
아버지와 안해, 딸이 사망하고 어머니와 두 자녀가 있음.

우리 앞집 아기 어머니는 한 돌도 되지 않은 애기가 너무 젖만 찾으면서 붙어 있다고 밖에 내던진 것이 그 자리에서 숨지고 말았다. 그리고 그 아기 어머니도 자살했다. 남편은 집을 떠난 지 오래 되었으나 돌아오지 않고 그 집에는 눈 먼 로인과 다섯 살 된 아이가 있다. 집집마다 온 집식구가 배를 곯고 있으므로 서로 동정하는 인정도 전혀 찾아볼 수가 없다.

도둑과 강도- 흉흉한 세상

50대 후반, 남
함경북도 청진시, 공인, 98년 3월 월경.
아내와 둘이 살다가 아내가 피살되었음.

현재 조선은 날이 갈수록 말이 아니다. 공장기업소 대부분이 움직이지 못하고 모든 백성들은 오직 식량을 구하러 돌아다니고 있으며 서로 빼앗고 훔치며 심지어 살인도 서슴없이 하고 있다. 우리 안해도 남한테 피살되었다. 97년 11월에 나와 안해는 장마당에 나갔다가 저녁 늦게 집에 들어왔다. 집안이 너무 추워 랭장고로 변해 있었다. 할 수 없이 나무를 얻어 방을 덥히고 있는데, 옆집에 사는 14살짜리 부모 없는 처녀애가 (떡 장사 아이) 떡 여섯 개를 가지고 와서 우리 내외에게 먹으라면서 권했다. 그날 안해는 두 개, 나는 하나를 먹고 나머지 세 개는 이튿날 아침에 먹기로 했다. 고달픈 몸에 약까지 들어간 떡을 먹었으니 우리 두 사람은 흐리터분한 기분으로 잤다. 이튿날 새벽에 일어나 보니 안해는 이미 숨을 거둔 상태였다. 일이 잘못된 것을 알았을 때는 이미 집안에 있던 텔레비와 재봉기가 없어졌다. 그 처녀애가 우리를 죽이고 물건들을 훔쳐다 팔아 자신의 생계를 유지하려 했던 모양이다. 13일만에 그 처녀애는 붙잡혔지만 물건은 온데간데 없고, 주머니에 200원밖에 없었다. 나는 명이 길어서였는지 살아날 수 있었지만 이 아이는 또 살

인죄로 죽어야 한다. 그렇게 나 어린 몸으로 그것도 연약한 처녀애의 몸으로 살인까지 한다는 것이 너무나도 기막힌 일이다. 세상에서 이런 일이 생기는 곳은 우리 조선뿐일 것이다.

50대 초반, 여
함경북도 은덕군, 97년 12월 월경.
시부모와 13살 된 딸이 사망. 남편과 세 딸이 있음.

나는 95년부터 장사를 하였다. 그간 갖은 곡절과 봉변을 겪으면서 심장병도 얻었다. 날이 갈수록 장사하기 어렵고 위험하며 조금만 잘못하면 꽃제비들이 무리를 지어 물건을 훔쳐간다. 그것보다 더 무서운 것은 강도들이다. 거지와 도적놈, 날강도가 성해 녀성이 떠돌아다니면서 장사를 다닌다는 것은 목숨을 내걸고 다니는 판이다. 97년 4월에 옷과 천보따리를 등에 지고 농촌으로 가는 길에 청년 둘이 나타나서 보따리를 마구 빼앗아 갔다. 나는

그 자리에서 아무리 소리치며 울어도 소용없었다. 그 후 심장병이 발작하여 자리에서 꼼짝 못하게 되었지만 약 한 알도 먹지 못했다. 근 십여 일을 남편의 간호를 받으면서 누워 있었더니 차츰 회복되었다. 그냥 있다가는 집식구들이 다 굶어죽게 될 것 같아 큰 결심을 내리고 국경을 넘어왔다.

30대 중반, 남
함경남도 신포시, 노동자, 98년 2월 월경.
돼지를 훔친 일로 5년형을 받고 징역을 살다가 도망침.

사람이 목숨을 부지하자면 환경에 적응해야 한다. 도둑질을 한다고 하면 나쁜 놈이라고 온 세상이 욕하겠지만 내가 살고 집사람을 살리자면 나이 젊은 나로서는 이 길밖에는 없었다. 일년에 명절 때나 기념일에만 집에서 밤을 지내고 내내 밖에 나가 있었다. 집에 오는 때는 식량과 먹을 것을 장만해 놓았을 때다. 나 같은 사람은 좀도둑이지만 조선에는 무리 강도 집단들이 많다. 그들은 산굴을 근거지로 몇 십 명씩 조직되었고 규율도 세다. 대개가 중죄범이 아니면 탈출범인데 주먹이 세고 주관이 곧으며 패기가 있는 담대가들이다. 그들 속엔 녀자들도 있다. 불을 지펴 밥을 지으면 목표가 드러나 군대들이 투하될 것을 고려하여서 인공 발전기를 갖춰 놓고 쓴다. 그들은 원한이 있거나 잘 차려 놓고 사는 지도층 집만 친다. 그들은 완전히 유격대식으로 행사하는데 신출귀몰하다. 나는 잘살아 보려고 애도 썼다. 한번은 장신구를 가지고 동무 다섯과 같이 도보로 혜산까지 갔다. 그곳에서 몽땅 사기를 당하고 목숨만 겨우 견졌다. 먹고 쓸 것만 있으면 누가 사랑하는 안해, 자식들과 단란한 생활을 마다하겠는가. 생존을 위해서 혈혈 청년이니 이 짓을 한다.

20대 중반, 남
함경북도 회령시, 노동자, 98년 6월 월경.

현재 조선에는 량식이 부족하고 의복도 해결할 수 없기에 도처에 강도들이 있다. 산길에 혼자서 짐을 지고 다니면 절대 안 된다. 꼭 몇이 합작하여야 먼 길도 무사히 다닐 수 있다. 먹을 것도 없고 입을 것도 없는 정도가 되니 눈이 달아올라 마구 때려눕히고 물건을 빼앗아 간다.

중국에서 지원물자를 가지고 온 사람이 친척을 찾지 못해서 여러 곳을 찾아다니다가 강도들에게 걸려, 있던 돈을 모두 털리고 맞아 죽은 적이 있었다. 이런 사건이 한두 건이 아니다. 지금 중국에서 우리 동포들이 자신의 친 혈육을 도우러 찾아왔다가도 불한당의 습격을 받아 죽거나 매를 맞고 돈을 모두 털리는 사람들이 있다. 사회질서가 어지럽기에 지원물자를 가지고 갔지만 위험할 때가 매우 많다. 때문에 나는 중국에서 집으로 돌아올 날짜를 약속하고 떠나왔다. 강기슭에는 강도들이 매우 많다. 무리를 지여 숨어있다가 도강하는 사람들을 붙잡고 옷이나 돈을 모두 털어 간다. 우리 조선의 정황은 한 입으로 말할 수 없다.

40대 후반, 여
함경북도 화성군, 97년 11월 월경.

배급이 끊어지고 신봉마저 주지 않으니 아이들과 같이 이른 봄에 꽉지를 가지고 산에 올라가 곡식을 심을 만한 곳을 찾아 꽉지포지를 하여 옥수수와 감자를 심었다. 96년 봄부터 자체로 심은 감자와 옥수수로 기본 량식을 해결하였다. 97년 봄에는 땅을 포지를 하여 곡식을 심었는데 심은 후 10여 일 지나서 밭에 가 보니 심은 감자씨와 옥수수씨를 다 파 가고 없었다. 다시 심으려고 하니 철이 늦기도 하였고 씨도 얻지 못하여 그 땅에 무와 배추, 파 등을 심었는데 이것도 대부분 도적을 맞았다. 나중에 누구네가 도적질하여 갔다는 것을 알게 되었지만 그들을 찾아 말하지도 않았다. 그 집들은 우리집보다 더욱 곤란하여 며칠씩 전혀 아무것도 먹지 못하고 굶는 정황이였으니 누구나 다 그 정도가 되면 도적질을 해서라도 먼저 살고 보아야 할 것은 당연한 일이다.

지금 로인과 젖먹이 아해들이 제일 먼저 죽어나가는데 우리 부근에는 나보다 나이 많은 로인은 다 세상을 떠났다. 량식곤란은 매년 더 심해가니 앞으로 어떻게 살아갈지 앞 길이 캄캄하다.

인심도 없어지고

60대 후반, 여
함경북도 명천군, 97년 12월 월경.
97년 남편과 아들이 사망. 이웃집에서 일주일 전에 도강했다가
무사히 돌아왔다는 소문을 듣고 양식지원을 받기 위해 중국으로 건너옴.

　최근 삼 년간 식량곤란으로 이웃 사이에 땔거리가 없어도 서로 돕고 동정해 줄 량심도 없어졌다. 량식난은 이처럼 인심을 박하게 만들었다. 영철이네는 우리집보다 량식이 더 곤란하여 어린아이들이 낮이면 거리나 정거장에 나가서 빌어먹고 저녁이면 집에 돌아온다. 영철이가 밖에서 우리들이 밥 먹는 것을 보고 있어도 들어와서 먹으란 말 한 마디 못했다. 97년 11월에 나는 이전과 같이 나무를 쪽지게에 지고 장마당에 가서 헐값으로 팔았다. 명천은 칠보산이 가까워 그런지 기후의 변화가 심하다. 그날 따라 추워서 옥수수를 사려고 장마당을 도는데 옆집에 사는 영철이가 앉아 있었다. 아이를 불렀지만 겨우 대답하고는 그냥 앉아서 있었다. 아이를 업고 집에 가 보니 자식 넷은 모두 없고 아이 엄마는 누워서 앓고 있었다. 나는 영철이네 가마에 물을 부어놓고 불을 때 주고 집으로 돌아왔다. 국가를 믿고 살던 우리 인민들은 나라에서 량식을 공급하지 않고 신봉마저 주지 않으니 영철이네와 같은 집들이 헤아릴 수 없이 많다. 우리 백성들은 지금 이런 형편으로 나날을 보낸다.

30대 초반, 남
강원도 금강군, 농민, 98년 2월 월경.
산후병에 걸린 처와 2살 된 아들이 있음.

부모를 귀중히 여기는 조선사람의 풍습을 그대로 살리자고 해도 쌀독에서 인심이 난다는데 쌀독이 비어 있으니 부모, 형제, 친

척들이 찾아오면 얼굴빛부터 달라지고 반가워하지도 않는다. 마음이 나빠서가 아니라 나 살기 바쁜 때이니 할 수 없이 그렇게 된다. 우리 민족의 고유한 특성도 쌀독이 비어 있어 깨지고 있으니 가슴 아파 못 살겠다.

30대 중반, 여
황해남도 룡연군, 공인, 98년 2월 월경.

지금 우리나라는 경제난과 식량난으로 병들고 굶어죽는 사람들이 부지기수다. 여름에 산으로 나물을 뜯으러 가 보면, 많은 사람들이 산에서 굶어죽고 목매죽고 식물중독으로 처참하게 죽은 모습을 볼 수 있다.

그러나 대부분 사람들은 이와 같은 전경을 그저 자신의 기억으로 남겨둘 뿐 이런 시체에 대해서는 전혀 무관심하다. 어찌 그렇지 않겠는가. 자신의 체구마저 지탱하기 어려울 정도인데 생명을 잃은 시신에 대해 신경을 써서는 자기에게 차려지는 것이 없기 때문이다. 이런 현실이 인간사회에서 있을 수 있다는 것이 너무나도 가슴이 아프다. 심지어 어떤 가정들에서는 쓸모 없는 식구들은 빨리 저승으로 갔으면 하는 생각까지 한다고 한다. 이와 같은 일은 흔히 있는 사실이다. 현재 우리나라는 생지옥과 같다.

40대 초반, 남
함경북도 청진시, 노동자, 98년 5월 월경.
아버지와 동생은 병으로, 어머니는 기차 안에서 굶어서 사망함.
아내와 7살 난 아들이 있음.

부모님과 동생이 량식난으로 사망하자 이 세상에서 살고 싶은 생각이 없어졌다. 량식난으로 모두 어렵다 보니 '쌀독이 인심'이라는데, '쌀독이 텅 비었으니' 인심이고 친척이고 혈육이고 다 쓸데 없다. 생명도 쌀로 이어대니 그 무슨 인심이 생길 수 있겠는가? 바로 쌀로만! 량식으로만 인심이 생길 수 있다. 지금 조선은 쌀 때문에 죽고 산다.

30대 중반, 여
함경북도 청진시, 노동자, 98년 8월 월경.

우리 청진시에는 돈만 있으면 다 살 수 있으나 월급은 주지 않고 다른 경제수입이 없기에 살아갈 수가 없다. 청진시에는 한쪽에서는 굶어죽는 사람이 있는가 하면 다른 한쪽에는 남달리 잘사는 사람도 적지 않다. 이런 사람들은 몇 년 먹을 쌀이 있지만 옆집 로인이 굶어죽어도 들여다보지도 않는다. 식량이 극히 곤란하니 사람들이 마음도 크게 변해 인정도 우애심도 다 없어졌다.

말할 자유도 없다

20대 초반, 남
자강도 강계시, 공인, 98년 1월 월경.
아버지가 정치범으로 몰려 잡혀간 후 가족 모두가 단속을 받음.
중국에서 자리를 잡은 후 어머니를 모셔 오려고 함.

    95년 4월, 아버지는 술좌석에서 말 한 마디를 잘못한 탓에 정치범으로 몰려 감옥에 들어간 이후 종무소식이다. 면회도 시켜주지 않는다. 풍문에 의하면 맞아 세상을 떠났다. 평소에 말수가 적던 아버지가 술좌석에서 어머니의 고생스런 삶이 가슴 아파 량식 공급실태를 피력했다가 정치범으로 몰리게 되었다. 얼마나 억울한 일인가? 이로 인해 온 가정이 속박을 받아야 했는데 대학에 다니는 형마저 같은 죄로 추궁받자 자신의 앞날에 더는 희망이 없다고 생각하여 쥐약을 먹고 자살하였다. 기가 막힌 어머니는 몸져 눕게 되었고 나 자신도 교양대에서 두 달 동안 갇혀 있었다. 얼마나 한심한가? 죄도 아닌 것으로 죄를 씌워 감옥에 처 넣고 식구들을 못살게 굴어 조선에 대한 불만으로 가득 차게 되었다. 북조선은 지금 권세가 있고 돈 있는 자만이 살판 치는 완전히 비인간적인 사회고, 모든 인민들을 죽음으로 몰아넣는 생지옥이다. 어찌 령수를 믿고 살며 어찌 당을 믿고 살겠는가? 치가 떨린다. 백성이 다 굶어죽는 이 땅에서 말 한 마디가 죄가 되어 온 집식구가 몰살되었다. 이 사실을 어디에다 하소연하겠는가?

40대 후반, 여
함경북도 길주군, 직장원, 98년 4월 월경.

    한자 깊이 사람의 속은 모른다고 우리는 언론자유가 없기 때문에 정치에 걸리지 않으려면 벙어리나 반벙어리가 제일 취해야 할 상수이다. 대개 다섯 명에 한 명은 스파이로 안전부 수하사람이다. 자칫 잘못 말했다가는 대뜸 잡혀가거나 문초를 당하게 되며 정치모자를 쓰는 경우에는 8촌까지 련루되어 평생 고생하게 된다. 한 얼뜨기가, "우리나라에는 지금 큰 돼지 두 마리가 있는데 식량은 그 돼지가 다 먹어치워 극난이 되었다"고 말한 탓에 이튿날로 온 집식구가 오간 데 없이 행방불명이 되었다. 십상팔구는 자강도 공사장에 끌려갔을 것이다. 할 말은 아니지만 조선에서는 사람들이 발 펴고 편히 살지도 못한다. 먹을 것이 없는 고생도 이만저만이 아닌데, 정치폭력이 워낙 심하니 기를 펴고 살 수 없으며 숨쉬기조차도 조심스럽다.

30대 후반, 남
함경북도 청진시, 노동자. 98년 8월 월경.

98년 7월, 나는 선거에 참가해서 찬성을 했다. 찬성하지 않으면 목이 날아간다. 우리는 할 말이 있어도 마음대로 할 수 없으며 반대하는 이야기는 더더욱 못하고 다른 나라의 일체 정황도 알려고 해서는 안 된다. 그러기에 지금 조선의 많은 사람들이 굶주림에 시달려도 견뎌야만 하는 것이다. 나도 억지로 지탱하다가 하도 힘들고 지쳐서 죽을 결심을 하고 이렇게 중국으로 도강하여 왔다.

부정부패[4]

60대 초반, 남
함경북도, 보위부 제대, 98년 2월 월경.
보위부에 있을 때는 미공급시기에도 배급을 타 먹으며 잘 살다가
95년 제대 후부터 생활이 어려워짐.

조선에서 제일 위력을 부릴 수 있는 것이 군대와 안전부, 보위

---

[4] 북한의 사회통제는 전통적으로 당, 그리고 국가안전보위부와 사회안전부 등 행정기관이 담당하여 왔다. 그러나 최근 경제난이 악화되고 사회체제가 이완되면서, 군이 직접 사회통제에 가담하게 되었다. 사회안전부는 최고 주권기관의 행정적 집행기관인 정무원의 한 부서로 되어 있다. 국가안전보위부는 사회안전부에 속해 있다가 82년 정치보위부문이 독립되면서 신설되었고 체제보위를 위한 반체제사범 색출(반국가 행위자 색출 및 국가체제 비방사건 수사) 및 관리(정치범 수용소 관리), 국경경비 및 출입국관리, 반탐(反探)활동, 해외정보 수집공작, 기관·기업소 및 주민 사상동향 감시와 김정일을 비롯한 고위간부의 호위 등의 임무를 맡고 있다. 사회안전부는 공공질서의 유지와 강화뿐 아니라, 국가의 재산 보호기능을 수행하며, 주민들의 사상동향을 감시·적발하여 처벌하고, 또한 개개인의 신원조사를 하고 사생활을 감시하는 기관이다.
최근 북한의 식량난이 장기화되면서 이들 행정관료들의 권력형 범죄가 매우 심각해졌다. 권력형 범죄는 지도적 지위를 가진 자들이 업무수행 과정에서 또는 우월적 지위를 이용해 저지르는 범죄를 의미한다. 여기에는 뇌물수수, 물자유용 등이 포함되는데 여행허가증 발급, 상급학교 진학, 직장 재배치와 진급, 주택배정, 건강진단서 발급 등 이권행위는 물론 암시장 거래, 무단 이동, 교통법규 위반 등 불법행위을 묵인하는 조건으로 뇌물수수가 이루어진다. 당·보위부·안전성 간부들이 국경 밀무역에 은밀히 개입하는가 하면, 군인들이 농작물이나 생필품을 훔쳐 가는 일도 흔히 발생하고 있다. 북한의 매스콤에서 "간부들의 세도와 관료주의 부정부패 현상은 당이 대중으로부터 신뢰를 잃게 되는 해독성과 위험성"이 있음을 경고한 것은 북한에 권력형 범죄가 감출 수 없는 사회문제로 대두되고 있음을 반영하는 현상이다.

부다. 장에 나가서도 '단속이요' 하면서 마구 빼앗아가는데 결국은 내부에서 대다수를 나누어 가진다. 어쨌든 잘사는 것은 안전부와 보위부 인원들이다. 말 한 마디 잘못한 사람들 가운데서도 돈을 가져오면 그 죄가 없다시피 되어 며칠 가두었다가도 내놓지만 돈도 없는 사람은 한 달이고 두 달이고 제한이 없다. 나 자신도 어떤 때는 집행하여 봤지만 억울한 안건도 적지 않게 처리하기도 하였다. 일반사람이 죽어도 대수로 여기지만, 있는 사람들 가정에서 간혹 죽음이 나면 그 들어오는 부조들도 대단하여 돈을 벌고 남는다. 얼마나 불공평한가?

30대 초반, 여
함경북도 은덕군, 농민, 98년 3월 월경.
97년 두 딸 사이에 시부모와 남편을 잃고, 4살 된 딸아이를 신징에 맡기고 중국으로 건너옴.

허리띠를 졸라매고 뼈빠지게 농사를 지어도 간부들의 배만 불리고 만다. 간부들의 분배 몫은 거의 90% 이상이다. 한 개 분조를 책임진 분조장부터 작업반장에 이르기까지 농약, 비료, 기름 등을 빼돌려 식량을 바꾸면서 자기들의 배를 채운다. 그러나 일반 농민들은 일년 내내 농사를 지어도 결국은 분배 몫도 제대로 받지 못하고 있는 형편에서 애국량이요, 군대저비량이요, 지원량이요 하면서 뜯기고 나면 두 달 량식도 남지 않는다. 하루에 한 사람이 통강냉이로 130그램 내지 150그램이다. 하루빨리 위로부터 대책이 연구되어 국가를 살리고 백성을 살려낼 수 있다. 그렇지 않고는 만백성이 다 죽고 조선족이 멸종하고 만다. 문명하고 근로한 우리 민족이 이 세상에서 없어진다는 것이 너무나도 기막힌 일이다. 중국에 와 보니 농촌마다 호도고리(가까운 몇 집이 모여 서로서로 돌아가며 일을 도와주는 것)를 실시하여 집집마다 쌀독에 쌀이 그득하니 나라 쌀독은 더 말할 것도 없을 것이다. 12억 인구를 가진 대국도 량식곤란을 받지 않고 있는데 작디작은 조선이 이 모양이니 령도자 자체가 심사숙고할 문제라고 생각한다. 령수를 잘못 만나 조선 인민은 얼마나 불쌍한가? 모두가 각성하여 령수기구를 개선한다는 것이 너무나 엄청난 대가를 지불하여야 한다.

30대 중반, 남
함경남도 단천시, 노동자, 98년 2월 월경.

나는 로에서 일하다가 구입원 노릇을 하게 되었는데 한번은 도급간부의 '일'을 봐 준 덕에 '초청'을 받고 단천시에 있는 김일성 별장이 있는 유람지에 가 본 일이 있다. 약속된 급 있는 간부 7-8명이 다 승용차를 타고 왔는데 그곳에서 통 양구이를 했다. 깝지(껍질)를 바르고 그 가죽 위에서(불은 밑에서 붙이고) 양고기를 구워 먹었는데 난생 처음이었다. 게다가 호텔 아가씨들이 20여 명이 나와 반겨댔다. 내가 말하려고 하는 것은 조선 정치의 타락, 부패, 관료성은 전에 없이 심하며 차별은 말할 수 없다. 이것이 우리가 학교 때 비난, 조소하던 조선 력대 왕조의 사치, 부화, 무능이 사회주의 간판 밑의 재현이 아닌가 한다. 참 끔찍스런 일들도 많다. 여하간 이젠 누구도 믿을 수 없는 세상이라는 걸 마음속 깊이 새겨 둔다.

30대 초반, 남
함경남도 북청군, 노동자, 98년 2월 월경.
97년부터 중국에서 밀수를 하여 살아왔음.

검덕에서 백여 리 떨어진 지점에 아스피린 고개가 있다. 그곳이 바로 대흥 앵속농장이다. 지리적 우월성과 자연환경의 장점으로 벌방, 젖소목장, 약, 담배 등이 배육되고 있는데 역시 고위급 지도자들이 향수터기도 하다. 김일성 생존 별장도 근처에 있다고 들었다. 내가 말하려고 하는 것은 온나라 백성이 굶주림에 허덕이고 무리로 죽어가도 이곳엔 고급승용차가 뻔질나게 다니고 '량반'들과 아첨쟁이들의 몸조리와 휴양 향수터로 되고 있다. 등급과 상하 차별이 어찌도 심한지 조선민주주의 인민공화국의 이미지를 찾아보기 어렵다. 외려 봉건왕조가 더욱 가깝고 타당할까 본다. 옛날을 비웃고 비판하더니 자신이 더러운 줄 모르고 그 화근 속에서 불꽃이 되어지는 게다.

40대 후반, 남
황해남도 룡연군, 98년 1월 월경.
돼지를 키우다 도둑 맞고, 단속이 심한 술장사를 몰래 하며 살았음.

나라가 빈곤에 처하게 되니 범죄자가 늘어나고 사람마다 리기주의가 앞선다. 당에서는 틀어쥐려고 하지만 사람들은 저마다 죽음에서 벗어나려고 아무 짓이나 서슴없이 한다. 법을 다스리는 안전원마저 자기 임무를 원만히 다하지 못하고 '뢰물'을 받으면서 범죄자를 눈 감아주고 국가의 안전과 인민의 생명, 안전을 책임진 인민군대마저 돈만 준다면 모든 것을 눈감아주는 일들이 많다. 때문에 날이 갈수록 도적질하고 빼앗고 하는 범죄자들이 늘어만 가고 이에 대한 조치는 따라가지 못하고 있다. 심지어 돈을 벌려고 군대가 사람을 죽이는 일도 있고 백성들의 집을 털어 가정 기물을 훔쳐 내다 파는 일까지 있다. 그러니 백성은 누구를 믿고 살며 누구에게 의지해서 이 곤란한 국면을 해결하려 하겠는가.

20대 후반, 여
함경북도 길주군, 98년 3월 월경.
남편이 안전부 부업지에서 농사를 짓다가 병이 들어 그만두면서 생활이 힘들어짐.

조선은 백성들이 살기는 너무나 힘든 곳이고, 관리배들이 살기에는 좋은 곳이다. 조그만 권리만 있어도 관료주의가 엄중하게 나타나 평백성을 마치 짐승 다루다시피 한다. 죄만 조금 져도 절반은 죽여 버린다. 그러나 죄를 지어도 돈만 있으면 괜찮다. 저희들은 배가 고프면 량권을 가지고 호텔이나 자기들의 식당에서 밥을 먹을 수 있으니 근심할 것이 없다. 무엇이 조금만 부족하면 장마당에 가서 '단속이요' 하고는 마구 빼앗아 들이니 이게 어디 사회주의 제도에서 나타날 수 있는 일들인가.

 문명한다던 나라는 로인도 아이도 없이 야, 자, 하니 어디 눈 뜨고 보겠는가? 가는 곳마다 중층 령도자들의 으르렁대는 것도 보기 싫지만 그 누구 하나 불평을 터뜨릴 수가 없다. 자유도 민주도 없는 암흑의 나라다. 언제면 이런 것들이 끝이 나겠는지? 어느 때까지 지속되어야 할는지? 남북 통일이 되어 잘살아 볼 날이 언제 올지, 그 날까지 살 수 있을 것 같지 않으니 원통스럽다.

교육[5]

50대 후반, 남
함경북도, 노동자, 97년 12월 월경.
부모와 16살 된 아들이 사망하고 처와 세 자녀가 있음.

둘째 아들이 평양종합대학에 다닌다. 학교에서 학생들의 화식이 곤란하게 되자 학생들을 동원하여 원산 동해 바닷가에 가서 비닐로 천막을 치고 청농활동을 하였다. 바닷가에서 조개를 주어 끼니를 때웠는데, 대부분 학생이 영양실조로 죽음 언저리를 헤매다가, 일부 학생들이 자기 집으로 돌아갔다. 아들도 겨우 살아서 집으로 돌아왔다. 평양종합대학이 이러하고, 나라의 기둥인 대학생

---

5) 북한 정규교육의 기본학제는 4-6-4(6)제로서 인민학교 4년, 고등중학교 6년(중등반 3년, 고등반 3년), 대학 4~6년, 연구원(준박사·박사과정)으로 되어 있다. 그리고 11년간 의무교육의 기간은 유치원 1년(높은반)을 포함, 인민학교 4년과 고등중학 6년 사이다. 북한은 사회전반의 부존자원과 생산수단을 국가의 소유로 하는 바, 교육재정을 국가가 책임지고 국가의 사업으로 교육을 한다. 이를 두고 '무상교육' 이라 한다. 그리고 이 같은 무상교육은 보통 교육과정인 유치원 높은반 1년과 인민학교 4년, 고등중학 6년의 11년간 '의무교육' 으로 하며, 고등교육 과정인 대학은 장학제 형식으로 실시하는데 수업료를 면제하거나 일정 액수의 장학금을 대학생들에게 지급한다. 또 북한의 무상교육은 의무교육기간의 교재 등 교육자료의 무상공급도(저렴한 가격) 포함된다. 그러나 교재는 95년부터 경제난의 심화로 사실상 공급되지 못하며 각 학교의 자체조달을 강요하는 실정이다. 즉 국어, 수학, 물리 등 주요과목의 교과서는 일부 공급하고 있으나 음악 등 기타 과목의 교과서는 거의 공급하지 못한다는 사실이 최근 난민들의 증언에서 확인되고 있다.

라 나라를 지키고 있는 군대까지 굶어죽는 형편이니 조선은 자기 힘으로 이 곤란을 해결할 수 없다.

50대 중반, 여
황해북도 사리원시, 직장인, 98년 1월 월경.
사위가 배고픔을 참지 못해 닭을 훔쳐 먹다 잡혀 징역을 살다가 사망.
그 후 남은 가족들은 멸시와 감시 속에서 겨우 목숨만 부지하고 있음.

조선의 현황은 그야말로 온 나라가 처참하다. 자재난으로 공장은 문을 닫고 거의 폐허가 되었으며, 심지어 학교까지 교학을 정지하는 일들이 있다. 먹지 못해 병으로 학교에 갈 수 없는 학생도 학급마다 5분의 1은 넘으며, 학교에 간다 해도 배가 고파 제대로 공부를 할 수가 없다. 수업을 하다가 도망치는 학생들도 있으며, 선생들도 학부모들의 '인사'를 공개적으로 강요하는 지경이다. 게다가 학생들에게 나무, 휘발유, 시멘트, 벽돌 등을 가져오라고 한다.

만약 제 때에 가져오지 않으면 책가방을 몰수하거나 등교를 중지시키는 벌을 내려 마음놓고 학교에 갈 수도 없다. 모든 것을 나라에서 무상으로 공급하고 세상에 부러움 없다고 알려진 조선의 교육조차 이 지경이니 그 외 것들은 일일이 말해서 뭘 하겠는가.

10대 후반, 남
함경북도 무산시, 학생, 98년 2월 월경.
사무원인 아버지와 어머니, 두 동생이 있음.
학교가 휴교한 지 반 년이 넘어 공부를 하기 위해 중국으로 건너옴.

학습을 계속하려고 도강하여 왔다. 조국에서는 학습하고 싶어도 학습할 조건이 갖추어 있지 않았다. 학생들은 배가 고프고 옷이 없어서 학교에 가지 못하고, 선생님들도 마찬가지로 굶주리므로 가르칠 정황이 안 된다.

나는 한창 학습할 나이다. 계속 학습하려는 욕망을 품고 어린 나이에 국경을 넘어왔는데 지금은 안전하지 못하여 산골에 가서 림업공들과 함께 잠시 일을 하면서 여기 생활에 적응한 다음 학교에 다니려고 생각한다. 나는 학문을 잘 닦아서 멀지 않는 장래에 조국의 튼튼한 기둥감으로 자라나겠다. 외삼촌과 형님들은 나를 설득하여 부모님 곁에서 공부하라고 하지만 조선의 경제형세가 이제 회복될 수 없는 지경이므로 내가 공부하려는 넘원도 실현될 수 없을 것 같다. 꼭 중국에 남아서 학습하려고 하는데 외삼촌은 이삼 일 후 나를 데리고 도강시키겠다 한다. 할 수 없이 끌려갈 수밖에 없다.

30대 중반, 남
황해남도, 교원, 98년 1월 월경.
가축도 키워 보고 금지된 술장사도 해 보았지만 여의치 않음.
양친 부모가 사망하고 여섯 살된 아들마저 영양실조에 걸려
친척을 찾아 중국으로 건너옴.

나는 교원으로 후대 양성 일꾼이다. 학교는 더욱 비참하다. 한 학급의 학생 수가 42명인데 학교에 등교하는 학생은 14명이다. 가정방문을 가면 어떤 아이는 부모를 잃고 행방불명이고, 어떤 아이는 굶어 일어나지도 못하고 있으니, 어찌 학교에 오라고 할 수 있겠는가? 한 학년에 교과서를 가진 아이가 몇 안 된다. 게다가 종이도 말이 아니어서 한 학기 쓰기도 힘들 정도지만 별수가 없다. 특히 수학교과서는 학생마다 있어야 하지만 종이공장이 문을 닫아 종이를 생산하지 않으니 후대 양성에 막대한 손실이 아니고 무엇이겠는가? 아이들은 먹지 못해 영양실조로 자라지도 못했거니와 배우지도 못하니 얼마나 기막힌 일인가? 몇 십 년 후에는 사회가 어떻게 발전할 수 있겠는지?

30대 후반, 여
평안북도 구성군, 교원, 98년 3월 월경.
시부모가 모두 사망하고 남편과 아들이 하나 있음.
하나뿐인 아들도 먹지 못해 학교에 다니지 못함.

나는 원래 교원사업을 하다가 그만두었다. 늙으신 부모님들의 생계를 위하여 부득불 직업을 포기하고 장사길에 올라야 한다. 지금의 학교도 문을 닫을 정도다. 등교하는 학생 수는 3분의 1도 안 되며 선생들도 자기 가족의 생계를 위하여 진도를 빨리 나가고 복

습만 강조해 놓고는 자기 장사에 몰두한다. 후계자 양성사업도 제 배가 불러야 하는 법이다. 날마다 인구가 줄고 인재가 줄어들며 아이들은 문맹을 면키 어려울 정도다.

　예로부터 우리 조선족은 가산을 팔아서라도 자식 공부는 시켰지만 지금은 굶어 자리에서 일어날 수도 없으니 학교는 근본 념두에 두지도 않는다. 아이들은 거리에서 방황하며 훔쳐먹고 덮쳐먹고 생계유지에 급급하니 학습은 뒷전이다. 학습 도중에도 배가 고프면 뛰쳐나가는데, 그 국면을 누가 돌려세우겠는지? 속수무책이다.

군대에서[6]

50대 중반, 여
함경북도 부령군, 97년 11월 월경.

조선은 지금 정말 믿기 어려울 정도로 큰 식량난에 처해 있다. 일반 백성들이 아닌 군대까지 굶어죽게 되었다고 하면 누가 믿었겠는가?

나의 둘째 아들도 군대간 지 4년 남짓이 된다. 내가 이곳에 오기 얼마 전에 30여 명의 군인을 실은 차가 우리집에 와서 아들을 내려놓고 갔다. 아들은 이미 며칠 동안 굶은 모양이었다. 사람들의

---

6) 북한의 모든 남자는 14세가 되면 초모대상자(招募對象者, 징집대상자, 이 용어는 조선시대 병조에서 군병을 모집할 때 사용했음.)로 등록하고, 고등중학교를 졸업하는 만 15세가 되면 군입대를 위한 2차례의 신체검사를 받으며, 졸업하는 해에 사단 또는 군단에 현지 입대하게 된다. 전문대학 졸업자도 역시 졸업하는 해에 입대한다. 그러나 신체검사 불합격자, 성분불량자 등은 물론 특수분야 종사자 및 정책수혜자(사회안전성원, 과학기술·산업 필수요원, 예술·교육행정요원, 군사학시험 합격 대학생, 부모 고령의 독자 등)들도 정책적 배려를 이유로 입대에서 제외하고 있다.
근무연한은 지상군은 3년 6개월, 해·공군은 4년으로 정해 있으나 실제로는 7~10년씩 근무하며, 1995년부터 10년 근무연한제를 실시하고 있다. 그 중에도 특수부대(경보병 부대, 저격부대 등) 요원은 장기복무를 해야 하며 주특기나 특별지시에 따라 사실상 무기한 근무해야 하는 실정이다. 1996년 10월부터 최고사령관 명령에 따라 남자는 30세, 여자는 26세까지로 복무가 연장되었다.

부축을 받고서야 집에 들어와 누웠는데 아무 말도 못하고 눈을 감고 있었다. 집에 조금 남은 옥수수로 죽을 쒀 먹이고 한 시간 정도가 지나서야 겨우 말하게 되었다. 나는 자식들을 살리기 위해 중국에 있는 친척들을 찾아왔다.

40대 후반, 여
함경남도 함흥시, 97년 12월 월경.

나의 아들은 오랫동안 군인생활을 하였다. 군대마저 배를 몹시 곯고 있다 하여 근심하고 있던 중인데 어느 하루 군대 차가 우리집 마당에 와 서더니 아들을 단숨에 내려놓고 갔다. 나는 너무나 기가 막혀 그저 아들의 가슴에 매달려 울다가 사람들이 말리는 바람에 정신을 가다듬고는 아들을 살리려고 서두르기 시작하였다. 우리 집에서 5리쯤 떨어져 있는 큰집에 가 돈을 좀 구해

의사에게 보이고 약을 먹고 나서는 몸이 많이 회복되었다. 이전에는 젊은 애들을 군대에 보내기만 하면 신체도 튼튼히 단련되어 오기에 아무 근심도 하지 않았는데, 지금은 굶고, 병들어도 치료해 줄 수가 없다. 그냥 제 집에 돌려보낸다. 나라 형편이 어느 정도기에 군대마저 먹여 살리지 못하는 정도에 처했는지?

20대 후반, 남
함경북도 청진시, 98년 10월 월경.
아버지, 어머니가 장티푸스로 사망하고 두 동생이 있음.

　나는 군대에서 10년 복무를 하였다. 날마다 정치학습, 생활총화, 전쟁준비, 군사훈련 등 하루 한시도 숨 돌릴 기회를 주지 않는다. 96년 후반부터는 군대에도 량식이 줄어서 옥수수죽, 옥수수국수 같은 것을 먹고 영양 있는 음식을 근본 먹어 볼 수가 없다. 그런데도 대다수 군인들은 강행군, 강훈련에 모두 허약증으로 시달리고 있다. 그래도 급이나 권세가 있는 자식들은 집에서 보내주는 영양가루 같은 것을 먹을 수 있어 괜찮지만 근본 량민의 자식은 엄두도 내지 못한다. 상급에 뇌물을 주는 잘사는 집 자식은 이래저래 훈련을 세게 하지 않지만 그 외는 말할 수가 없다.
　군대 자체는 너무 배를 곯아 밭에 강냉이나 채소를 훔쳐다 먹지 않으면 다른 물건과 대체해서 바꾸어 먹는다. 배가 고프니 못하는 짓이 없다. 집에서 량친 부모가 위독하다고 전보가 와서 가 보니 어머니가 사망한 지 보름이나 지난 후였다. 불구자인 막내 동생과 녀동생이 살려고 고생하는 것을 보고 더는 있을 수 없어 돈을 좀 얻어 뇌물을 주고 올 7월 초에 제대하여 청진으로 왔다.

　제대해서 집에 와도 살 길은 막막하였다. 두 동생을 살리기 위해서는 타국에 가는 것만이 유일한 길로 생각하고 사선을 제치고 중국으로 왔다. 중국은 천국이고 조선은 지옥이라고 본다.

40대 후반, 여
황해남도 북청군, 98년 2월 월경.

　아들이 군대에 가 있다. 군대에 보내지 않으면 정치를 묻기 때문에 꼭 가야 한다. 원래도 튼튼하지 않던 아이였는데다 고된 훈련에 강냉이밥도 배불리 먹지 못하고 하루 한 끼는 멀건 죽을 먹는다고 하니 어떻게 버티겠는가? 우리는 먹지 못해도 영양가루를 만들어서 아들에게 때때로 보내주고 탕가루도 보내주건만 그것도 위에 갈라주고 나면 얼마 남지 않는단다. 그나마 비상용으로 먹으려고 두면 어느 누가 훔쳐 먹는지 없다고 하니 어떻게 계속 보낼 수가 없다.

50대 초반, 남
함경남도 송화군, 노동자, 97년 11월 월경.

　지금 우리 조선의 식량곤란은 극도에 처해 있다. 일반 백성들은 말할 것도 없고 나라의 기둥인 군인마저 굶어서 도적질하고 빼앗고 하니 이게 무슨 판인가? 내 눈으로 직접 군인 몇 명이 장마당을 지나가다가 장사꾼이 펼쳐 놓은 식품을 말도 없이 가지고 도망가는 것을 보았다. 농민들의 밭에서 옥수수와 감자를 도적질해 가는 일은 이미 보통 일로 되었다.

우리는 이런 군대를 욕하지 않는다. 어린 나이에 군인이 되어 굶어서 이 지경이 되었으니 얼마나 불쌍한 일인가? 지금 우리나라 정부는 군대마저 먹여 살리지 못하는 형편이니 우리 일반 백성들이야 더 말할 나위도 없다.

장마당에서[7]

50대 초반, 여
함북 경성군

남편은 3년 전에 병들어 세상을 떠났고, 나는 한 가정의 세대주로 장사길에 나섰다. 그러나 장사는 말처럼 쉬운 일이 아니었다. 장사는 시작부터 나를 빚구덩이로 몰아넣었다. 안전부나 규찰대들은 내가 빵이나 담배를 파는 것을 보기만 하면 붙들어다 때리고는 무상 몰수하여 물건들을 주지 않았다. 나는 절반이라도 달라고 아들 같은 사람들에게 울면서 애원하였지만 그들은 나를 시끄럽게

---

7) 북한에서 농민시장을 '장마당'이라고 한다. 장마당은 농촌에서 협동농장 이외에 개인 텃밭에서 생산된 농작물이나 가정부업으로 생산된 물품(뜨개 제품, 달걀 등)을 매매, 교환하여 주민들이 생필품 문제를 간접적으로 해결할 수 있는 통로로 이용되어 왔다. 통상 10일 정도마다 열리던 것이 최근에는 매일 열리며 농촌지역에만 국한되지 않고 시, 군 단위에서도 1~5개의 시장이 상설 운영되고 있다. 이렇게 장마당이 활성화되는 주된 이유는 최근 식량난과 생필품의 부족현상 때문이다. 일반주민들은 식량을 비롯한 모든 생필품을 장마당을 통하여 얻고 있다. 장마당에서 거래되는 물품도 식량을 비롯하여 개인적으로 생산한 채소류 등의 물품부터 중국에서 조달된 모든 생필품과 의약품까지 거래되고 있다. 가격은 판매자와 구매자간의 흥정에 의해 결정되는데 국정가격의 수십 배에 달하는 것이 보통이다. 최근 들어 장마당의 식량가격이 내렸다는 이야기가 있는데 그것은 일반인들의 구매력이 한계에 왔기 때문이며 자본이 소수에게 집중되어 시장에 식량이 있어도 가난한 사람은 굶어죽을 수밖에 없는 비정한 현실을 말해 주는 것이다.

군다고 하며 바깥으로 내쫓았다. 나는 눈물을 휘뿌리며 다음날에 또 나가면 마찬가지로 또 몰수당하고 빈손으로 들어왔다. 그런데 이상하게도 다른 녀자들의 것은 눈을 감아주고 늙은이인 내 물건만 꼭 빼앗아가곤 하였다. 후에 안 일이지만 그 녀자들은 그들을 끼고 장사를 하였다. 그 녀자들은 그들에게 담배나 술을 고이고 장사를 하기 때문에 묵과해 주었던 것이다. 어디 가서 고발을 하려고 해도 나의 고발을 받아 줄 곳도 없었다. 고발을 하면 오히려 고발한 사람이 취조를 받는 시대다. 결국 나는 장사길에서 물러서고 말았다. 장사한다는 것이 빚더미만 안게 되니 더는 장사를 할 수가 없었다.

60대 초반, 여
황해남도 벽성군, 97년 11월 월경.
97년 남편과 6살 된 손녀가 사망. 아들, 며느리, 손주 둘이 있음.

나는 집식구들을 먹여 살리려고 배를 졸라매고 들에서 캐온 나물과 가정 기물들을 장마당에 나가 팔거나 쌀과 바꾸곤 하였다. 그런데 나는 장마당에서 자식보다 더 어린 국가 안전원에게 쫓겨 피해가면서 장사를 하였으며 그 사람들의 발에 채인 적도 한두 번이 아니다. 더욱 가슴 아팠던 일은 채 팔지 못한 물건을 정돈하고 집으로 돌아가려고 하는데 한 안전원이 고래고래 소리를 치며, "늙은 게 말도 귀에 들리지 않는가" 하면서 욕지거리를 퍼부으며 내가 장사하여 얻은 2킬로그램의 옥수수 주머니를 발로 차 버리니 그 옥수수가 길가에 산산이 흩어져 버렸다. 이 옥수수는 집식구들의 생명과 같은 것인데 너무도 억울한 나머지 기가 막혀 "나를 죽여라"고 고함을 치며 통곡하였다. 그 자식이 행패를 부리고 다른 곳으로 간 다음 격분된 마음을 억제하고 그 흩어진 옥수수를 끌어모아 한 알씩 다 주어 저녁 늦게서야 집에 돌아왔다. 그러나 이제 날씨가 추워감에 따라 들나물도 캐지 못하게 되고 집에 쓸만한 물건은 모두 내다 팔았으니 이젠 다른 무슨 방법이라곤 없기에 할 수 없이 이렇게 중국에 친척을 찾아왔다.

30대 초반, 여
함경북도 라진시
살기가 힘들어지면서 남편과 이혼하게 됨.
이혼 후 딸을 친정에 맡기고 장사에 나섬.

나는 100원으로 장사길에 나섰다. 100원이면 빵 25개를 넘게 받는다. 한 개에 4원씩 넘겨 받아 5원에 판다. 그래서 25개를 다 팔면 25원은 번다. 처음에는 계산만 해도 막 사기가 났다. 나는 25개만 팔겠는가 하루에 100개만 팔면 100원이라는 돈이 진짜 나의 돈이겠는데 생각하니 하늘로 막 날아오를 것만 같았다. 나는 첫날 25개를 가지고 역전에 나갔다. 처음 장사할 때는 창피스러워 "빵 사시오"라는 말

이렇게 삽니다 · 99

이 밖으로는 나가지 않고 입속에서만 맴돌면서 얼굴이 수수떡처럼 달아올랐다. '이렇게 체면을 차리다 언제 팔겠는가' 하는 생각이 머리를 스치면서 배고파 칭칭 대고 있을 딸애를 생각하니 기운이 났다. 나는 힘차게 걸어다니며 "빵 사시오. 맛있는 계란 빵입니다. 어서 사 가시오"라고 외쳐대며 걸었다. 한 사람이 나의 곁으로 오더니, "그 빵이 정말 맛있습니까? 10개를 사면 4원씩 주겠습니까?" 하고 묻는 것이었다. 하지만 나는 그렇게 줄 수가 없었다. 본값에 주고 나면 떨어지는 것이 무엇이 있겠는가. 나는 그 손님에게 간절히 말했다. "아저씨 4원에 가져다가 4원에 팔면 나는 오늘 죽벌이도 못합니다. 정 그러시다면 이 25개를 4원 50전씩 사 가세요"라고 말하였다. 그 손님은 한참 생각하더니 그렇게 하겠다고 하였다. 하여 나는 첫날 장사에 12원 50전을 벌게 되었다. 나는 재미있었다. 그 돈으로 비지찌개 두 덩이와 사탕 10알을 사 가지고 집으로 들어갔다. 나의 딸은 사탕을 주었더니 좋다고 하며 5분도 못 되어 사탕 10알을 씹어 먹어 버렸다. 하지만 장사는 매일 잘 되는 것은 아니었다. 나는 그 다음날도 25개를 받아 가지고 역전에 나갔다. 그날 운이 좋게도 젊은 청년이 나를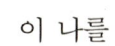

보며 그 빵을 다 사겠으니 자기 있는 곳으로 가자고 하였다. 나는 무엇도 모르고 따라갔더니 그 사람 말이 "빵을 여기 내놓소. 누가 역전에서 빵을 팔라고 했소. 이 빵은 몰수요"라고 말하는 것이었다. 나는 사정사정 하면서 돌려달라고 애원했지만 그들은 돌려주지 않았다. 그 청년은 사복한 안전원이었다. 이렇게 나는 몇 번이나 안전원이나 규찰대에게 잡혀 무상 몰수를 당하였다. 이렇게 해서 나는 장사길에서 물러나게 되었다.

교통시설 – 기차안에서[8]

50대 중반, 남
평안남도 순천시, 97년 11월 월경.

나는 굶어죽을 바에야 도강하다가 죽을 셈으로 중국에 있는 형님한테 가기 위해 길을 떠났다. 절반은 차를 타고 절반은 걸어서 왔다. 다행히 기차를 타게 되어 겨우 올라가니 이 추운 겨울에 기차 안에는 걸상 하나 없고 유리창은 모두 깨졌고 드나드는 문도 없었다. 몹시 추워서 모두들 쪼그리고 앉아 있었다. 그런데 한번은

---

8) 북한의 교통체계는 철도를 중심으로 하고 있다. 1993년 남북한간의 육상운송 분담구조를 비교하면 화물운송을 기준으로 할 때 북한은 철도가 93%, 도로가 7%를 담당하고 있어서 남한이 철도 25%, 도로 75%인 것에 비하여 철도의 비중이 4배정도 높은 수준을 보이고 있다. 여객수송에 있어서도 남한은 철도가 20%인데 북한은 49%가 철도에 의존하고 있어서 북한에서는 철도가 매우 중요한 교통수단임을 말하고 있다. 또 1952년부터 간선철도의 전기화를 적극 추진하여 전철화율이 80%에 이르고 있다. 그러나 현재 열악한 에너지 상황에서 전철은 오히려 에너지 문제를 악화시키는 요인이 되었고 그 악순환이 되풀이되고 있다.
북한에서 여행을 하고자 하는 사람은 통행증을 발급받아야 한다. 그리고 차표와 공민증이 있어야만 기차를 탈 수 있다. 식량난 이전에는 통행증을 무료로 발급받았었는데 최근에는 200원에서 많게는 800원까지의 돈을 내야만 발급받을 수 있다고 한다. 많은 주민들이 식량난으로 여행증 없이 이동하고 있는데 적발되었을 경우에는 벌금을 내거나 927수용소에 수용되어 처벌받기도 한다.

안전원이 와서 통행증을 검사하던 중 나의 곁에 앉은 한 중년 부녀가 통행증이 없이 기차에 올랐다 하여 귀쌈을 마구 때려 피가 터지게 하고 발로 가슴을 마구 찼다. 하루종일 굶은 채 다녀서 지칠 때로 지친 그 부녀는 끝내 숨지고 말았다. 안전원은 당황한 나머지 부랴부랴 차에서 내려버리고 다른 안전원들이 재검사하러 왔다가 그 녀자 시체를 차에서 끌어내려 갔다. 억울하여 더 말할 마음도 들지 않는다. 사회의 불한당도 아닌 나라의 안전원이 백성들이 헐벗고 굶어죽는 판에 백성에게 관심을 가지기는커녕 큰일 없이 때려 죽여도 어디 말해 볼 곳도 없으니 우리는 참말 살 길이 없다.

30대 중반, 남
함경북도 명천군, 노동자, 98년 7월 월경.
아내가 아이를 낳고 출혈이 심해 사망하고, 갓난 아이마저 한달 후 영양실조로 사망. 심장병에 걸린 어머니와 동생이 있음.

나는 집에서 산에 나무하러 가는 것처럼 모양새를 갖추고 나와 역전을 향해 걸었다. 다행히도 하루를 기다려서 기차를 탔다. 차에 겨우 올랐는데 걸상도 없고 창문은 유리 한 장 제대로 박힌 것이 없었다. 그런 차 안에서 서로 비비적거리며 가야 했다. 겨우 달리는 차는 달리다가도 고장이 나서 멈춰서면 한도 없이 기다려야 했다. 차안에서 굶어 숨진 할아버지를 봤다. 얼굴이 때투성이인 손자는 숨진 할아버지의 손을 비비면서 목놓아 울었다. 곁에 앉았던 사람들은 모두 눈물을 흘렸지만 아무도 그 애를 도와줄 능력이 없었다.

50대 초반, 남
함경북도 김책시, 97년 11월 월경.
아내와 두 자녀가 사망하고 남은 가족이라곤
군에 간 아들이 하나 있는데, 연락이 안돼 생사를 알 수 없음.

나는 조선에서 더는 살 길이 없다고 생각하고, 집에다 아들에게 글을 써 놓고 중국으로 떠났다. 역전에 들어서니 어린 거지와 늙은 거지로 가득 차 있었다. 모두 어디로 살 길을 찾으러 떠나는 사람들인지 차를 기다리는 사람들이 부들부들 떨면서 중얼거리고 있었다. 조선은 지금 차도 제때에 통하지 않는다. 오래간만에 차가 떠났다 해도 도중에서 차를 세우면 두세 시간 걸린다. 차에 타자면 힘이 있어야 오를 수 있다. 차에 오르는 질서는 더 말할 수 없다. 차 안 변소나 심지어 창가에까지 매달려 가고 어떤 사람은 창문 밖으로 다리가 절반 나간 채로 가기도 한다. 우리 조선은 지금 이런 처지다.

30대 중반, 남
황해남도, 교원, 98년 1월 월경.

우리나라에는 일체가 부족하고 없다. 기차가 달리다가도 정전만 되면 몇 시간이고 며칠이고 머물러 있을 때가 많다. 기차가 잘 달리지 못하니 철도에서 일하는 사람들은 이 우세를 이용하여 차 타려는 사람들에게 너무나 엄청난 벌금을 받아낸다. 증명서가 없어도 벌금, 차표가 없어 화차를 탔다고 벌금, 증명서가 없이 역전

구내가 아닌 뒷문으로 다녀도 벌금, 너무도 많은 돈들을 요구한다. 먹을 것 없이 떠돌아다니거나 행방 가는 사람에게 무슨 돈이 있겠는가? 돈이 없다 하면 늙은이고 아이들이고 쌍욕질하기 일쑤고 어떤 때는 손찌검까지 한다. 정말 평민은 살기 어렵다. 기차가 가다가 정전으로 2~3일 머물러 굶어죽는 사람이 생겨도 그 누구도 관계치 않는다.

30대 중반, 여
황해남도 송화군, 98년 7월 월경.

조선에서는 지금 공민증 교체를 하고 있으며 안전부의 통제가 대단히 심하다. 곧 대선거가 있기 때문에 외출인원에 대한 조사가 심하고 도와 도 사이를 마음대로 다니지 못하게 되어 있다. 원래 통행 허가증을 가져야 하는데 지금은 식량난 때문에 외지 진출이 너무 많아서 그다지 신경을 쓰지 않는다. 함경북도까지 오는데도 여러 번 단속과 조사를 받았으나 친척에게 식량을 얻으러 간다는 구실을 들어 무사히 통과할 수 있었다.

40대 초반, 남
함경북도 청진시, 노동자, 98년 2월 월경.

달리던 렬차도 기아로 멈춰설 때가 많다. 조선의 렬차는 시설이 말이 아닌 건 둘째 치고 시간표도 없다. 한번은 내가 내지에 가려고 다섯 시간이나 청진역에서 차를 기다린 적이 있다. 그때 청진역 부근에서 한 35, 6세쯤 되는 젊은 부인이 아이를(3-4살) 다리 사이에 끼고 펄썩 바닥에 주저앉아 졸고 있었다. 아이는 배고픈지 아니면 아픈지 징징 울고 있었다. 부인은 가까스로 애를 끌어안아 달래다가는 맥이 풀려 머리를 아래로 드리우면서 조는 상도 싶었다.(기아로 고달파 그럴 수도 있지) 드디어 렬차가 왔다. 나는 차에 올라 종성까지 이르렀을 때 배낭을 멘 채 쪼그리고 앉았던 다리를 두들기느라 일어서 몸을 폈다. 몇 사람 건너 곁에 아까 청진역에서 봤던 그 부인이 쪼그리고 앉아 정기 없는 눈을 뜨고 초점 잃은 눈으로 찻간 한 곳만 멍하니 바라보는 것이 눈에 띄었다. 아이는 온데간데 없었다.

60대 후반, 여
함경남도 함흥시, 97년 11월 월경.
97년 남편과 딸, 사위, 12살 손자, 10살 손녀가 모두 굶어죽고
8살 된 손녀마저 꽃제비로 다니다가 굶어죽음.

함흥역에서 기차를 타고 왔다. 기차삯은 12원인데, 차표를 샀으나 문을 열어 주지 않아 차에 오를 수 없어 안전원에게 100원을 주고서야 차에 올랐다. 그 날 우리 한 구역에 있는 아주머니가 어린 아이를 업고 돈 없이 기차 위에 올랐다. 그런데 안전원이 고래고래 소리치면서, "야, 애기 업은 ××× 빨리 내려라. 내리지 않으면 내가 올라가 굴러 떨어지게 하겠다"고 말하니 위에 있는 애기 엄마

는 악에 북받쳐서 말하기를 "야, 안전원 ××× 우리는 돈 없어 죽게 되어 위험한 이 위에서 죽기를 각오하고 올라왔다. 올라오겠으면 올라와라" 하면서 말싸움이 벌어졌다. 안전원이 기차에 매달려 올라가는데 기차는 발동을 걸어 떠났다. 달리는 기차 위는 무시무시하다. 기차 위에 좀 사이를 두고 전기줄이 있어 모두 엎드려서 가야만 했는데 벌써 안전원이 기차 위에 올라와 기면서 애기 업은 아주머니와 결투가 벌어졌다.

애기 업은 아줌마는 내가 죽을 바에 나쁜 개다리 네 놈도 살려

주지 않겠다 하면서 벌벌 기어오는 안전원의 목을 끌어안고 기차 위에 우뚝 섰다. 삽시간에 두 사람은 전기에 붙어서 기차 위에서 떨어져 죽었다. 이 실정은 지금 우리나라 백성들의 불만, 반항의 표현이다. 이렇게 공개적인 반항은 적지만 모두가 불만에 가득 차 있다.

산업시설[9]

40대 중반, 남
함경남도 함흥시, 노동자, 98년 3월 월경.

몇 년째 식량난으로 많은 조선 백성이 죽어갈 뿐만 아니라 나라가 망하고 있다. 지금 조선의 공장은 군수공장을 제외하고는 100%가 문을 닫았다. 전국에서 제일 큰 흥남비료공장도 전부 문을 닫았다. 공장의 기계를 뜯어서 폐철로 팔아먹고, 심지어 전동기를 뜯어서 안에 구리를 훔쳐서 팔아먹고 있다. 만약 식량이 해결된다 하더라도 생산은 회복하지 못하게 되었다. 때문에 조선은 다시 재생할 가능성이 아주 적다.

---

9) 북한 경제위기의 주요한 원인은 에너지 부족에서 시작되었다. 90년대 초, 구소련연방이 해체되고 중국이 개혁개방되면서 북한에 싼 값에 거의 원조형태로 들어오던 원유가 차단되거나 국제가격으로 교역이 요구되는 시점에서 서방국과의 교역에 실패한 북한은 에너지 자원의 부족으로 시달리게 되었다. 그리하여 일부 기간산업을 제외한 대부분의 산업시설이 가동을 중단하고 평균 가동률이 10%선에 이르는 것으로 파악된다. 그 예로 국경변 도시인 무산에 있는 무산제철소에는 고로가 3개 있는데 2개는 정지되었고 1개만 부분가동을 하고 있다. 노동자들 역시 배급이 없는 직장에 출근하지 않고 외지를 떠돌며 식량을 구하기 위해 유랑하고 있기 때문에 이러한 문제는 더욱 심화되었다. 심지어 공장노동자들에 의해 공장시설이 강제로 뜯기워져 중요한 부속품들이 도난당하는 사태도 상당히 심각한 것으로 보인다. 그러므로 북한의 산업시설을 재가동하기 위해서는 전폭적인 복구지원사업 없이는 불가능하다.

40대 초반, 남
함경남도 함흥시, 노동자, 98년 6월 월경.

　조선은 몇 년째 재해로 마을마다 식량이 매우 곤란하다. 먹지 못하니 농민이 농사를 제대로 짓지 못하고 로동자가 일을 하지 못하니 공장이며 광산은 모두 문을 닫았다. 특히 광산에서 석탄을 생산하지 못하니 발전소가 움직이지 못하고 있다. 석탄과 전기가 없으니 대부분의 공장이 문을 닫았다. 흥남비료공장과 같은 전국에서 가장 큰 공장도 생산을 못하고 있으며 전기가 없으니 기차가 제대로 달릴 수 있겠는가? 기차가 겨우 출발한다 해도 예전 같으면 함흥에서 회령까지 하루 남짓 걸렸는데 지금은 일주일, 길게는 15일씩 걸린다. 국내우편도 이전에 2~3일 걸리던 것이 지금은 15~30일씩 걸린다.
　식량은 무엇보다도 중요하다. 사람이 먹지 못하면 아무것도 할 수 없다. 때문에 조선은 농업생산을 올리기 위해서 중국처럼 개혁개방을 하고 집체농업을 개체농업으로 바꿔야 한다. 조선의 로동자, 농민은 근면하며 일을 잘한다. 그러나 근본적으로 농업생산을 바꾸지 않으면 식량생산을 늘릴 수 없다.

농촌의 생활[10]

40대 중반, 남
평안남도 중산군, 농민, 98년 2월 월경.

우리 고장은 곡창지대다. 서해바다 간척지 논에 벼를 심어 흰쌀로 살았다. 예전에는 나라에서 식량을 공제하고 우리 농사꾼들에게는 50%~60%의 식량을 분배하였다. 그런데 96년도엔 60%, 97년에는 40% 분배량에서 국가애국량, 군수식량 등을 떼고 준다. 게다가 수해로 논밭이 물에 잠기고 농약, 비료 등이 공급되지 못하는 정황에서 농사를 제대로 지을 수 없다. 방법이 없어 울 안에 채소를 심어 시내에 내다 팔았고 쓰던 가구도 장에 나가 팔아서 생활에 보태곤 하였다. 농사를 짓자고 해도 필요한 비료, 농약, 농기구가

---

10) 농촌은 식량난에서 보면 도시지역보다 좀 나은 편에 속한다. 그러나 식량난이 장기화되면서 도시지역과 마찬가지로 농민들도 어려운 처지에 처해 있다. 일반 노동자와 직장원은 직장의 경리부에서 배급표를 받아 매월 두 차례 배급소에서 유상으로 식량을 구입한다. 농민은 11~12월 기간 중에 실시하는 결산분배시 각 농장원들은 협동농장의 총 수확량 중 종자, 비료, 농약 등 영농자재비와 관개수리 대금, 농기계 사용료, 문화후생비, 공동기금 등을 공제하고 그 나머지를 연간 각자가 일한 노동의 양과 질을 기준으로 한 노력점수에 따라 분배받는다. 그러나 식량난 이후 농장원들의 실제 곡물분배량은 농가당 연간 최소한의 식량만을 남기고 나머지는 모두 강제 수매하기 때문에 일반노동자들의 배급수준과 다를 게 없다.

있어야 한다. 전 주민이 총동원하여 인분 모으기와 퇴비 모으기를 한다고 하지만, 먹을 것도 없는 형편에 언제 누가 힘을 들여 인분을 모으고 퇴비를 생산하겠는가? 이전에는 간부들이 통지만 전달하면 즉시 움직였지만 지금은 근본 동하려 하지 않는다.

이전에는 도시에 있는 직장이나 학교의 지원 로력으로 농촌에 동원하여 농사를 지었는데 현재는 농촌지원을 나와도 누구 하나 힘내는 사람이 없다. 벼 포기 사이로 오가면 김 맨 것이 된다. 먹지 못하니 김 맬 기운도 없을 뿐더러 자기 가정 울타리 외에는 지으려 하지 않는다. 내가 살기 위해서는 그럴 수밖에 없다. 농민들도 배가 고파 일할 수 없는 형편에 도시사람이 자기 일처럼 할 리 없다. 이런 정황에서 사람들의 정신세계는 와해되고 농사를 제대로 짓는다는 것이 불가능하니 묵은 밭만 늘어나고 있다.

20대 후반, 여
함경북도 선봉군, 노동자, 98년 2월 월경.

농민들에게는 밭이 300평쯤 있는데 자신들이 심고 싶은 것을 심어 식량을 해결한다. 국가에서 비료생산이 중지되고 대변 같은 것도 돼지사료로 되다 보니 수확고가 낮다. 행여 힘이 있는(관계, 능력) 농장원들은 국외에서 들여온 화학비료를 조금씩 얻거나 훔쳐서 자기 밭에 뿌린다. 또 그런 농장원일수록 밭도 많다. 자연히 그런 사람들에게는 량식이 있다. 대부분 농장원들은 대개가 반 년 남짓 지나면 일년 식량이 떨어진다. 대체로 장사다니는 이들은 로동자들인데 배급이 끊기니 결국 농장원들의 량식을 나눠 먹는 셈인데 자연재해 때문에 농촌의 량식도 거덜나고 있다. 농장원들도 이젠 죽어가고 있다. 부지런한 농장원들은 돼지 같은 가축을 키워 팔아서는 량식에 보탠다.(이전에는 국가에서 돼지를 수매했으나 지금은 자신이 잡아 팔 수 있다) 이런 점에서 바로 도시 량식난이 농촌보다 더 심하다는 게다. 여하간 농민들 쌀독까지 거덜나면 전반 조선 백성들이 굶어죽는 수밖에 없다.

50대 초반, 남
함경북도 무산군, 농민, 98년 3월 월경.

농민들의 생활은 겨울에는 도시사람보다 낫다. 그러나 여름에는 도시보다 더 어렵다. 도시사람은 장사도 하고 유통을 잘 하나 농민은 돈이 없어서 장사도 못하고 유통성이 약하다. 97년도 협동조합에서 받은 식량은 3월까지 먹으면 전부 떨어진다. 때문에 여름이면 농촌에는 무리 주검이 발생한다.

나도 살 길이 막막하여 중국에 있는 친족들의 도움을 받으려고 도강하여 중국에 왔다. 중국에 와 보니 농민들은 책임성도 강하고 농사를 아주 쉽게 한다. 국가에서 농사에 필요한 물자(비료, 농약, 비닐)를 생산하지 않으니 아무리 농사를 잘 지으려 해도 생산량을 높일 수가 없다. 조선은 국가 령도에서 농업에 대한 근본방침을 바꾸어 집체제도를 취소하고 개체농업을 하여야 한다. 농사짓는 농민이 식량이 없어서 굶어죽으니 어떻게 농사를 잘 지을 수 있겠는가?

　겨울에는 도시사람들이 많이 굶어죽으나 여름에는 농촌에서 굶어죽는 현상이 더 엄중하다. 중국에 와 보니 중국의 농업정책이 마음에 든다. 중국처럼 농사를 지으면 조선도 3년이면 식량을 자급할 수 있다.

40대 중반, 남
함경남도 북청군, 노동자, 98년 1월 월경.
"살 밑천을 얻으러 왔으나 돌아가기 싫다. 허나 처자가 기다린다."

　식량난으로 일어난 참상은 일일이 말하지 않겠다. 눈 뜨고는 못 볼 사연들이지만 말해 무슨 소용이 있겠는가? 중국에 와 보니 천하에 이렇게 사는 고장도 있는가 싶다. 천당 같다.
　강냉이를 심어도 5~60㎝ 정도밖에 자라지 않는다. 심지어 조상, 친인의 무덤을 옮겨 밭을 늘이는데, 묘자리의 강냉이가 잘 자라니까 그럴수록 더욱 잘 지켜야만 얻어먹을 수 있다.
　심지어는 직포된 시체를 가만히 파다가 자기 밭의 거름이 되도록 묻는 자가 있다. 여하튼 한심하기 그지 없는 세상이다.

이렇게 삽니다 · 113

40대 초반, 남
강원도 판교군, 농민, 98년 3월 월경.
10살 된 딸이 풀을 뜯어먹고는 중독되어 사망. 아내와 아들이 하나 있음.

나라살림이 구차하니 농민들도 예외가 아니다. 근년에 와서 농장 배급은 이전의 3분지 1정도도 못된다. 말로는 일년 식량을 분배한다고 하지만 기실 4, 5개월분밖에 차려지는 것이 없다. 게다가 또 애국미요 군부대 지원식량이요 뭐요 하면서 떼내는 것이 많다보니 기실 입에 풀칠하기조차 힘든 형편이다. 우리 농민들은 1년 식량을 한꺼번에 나눠주기 때문에 그 식량이 떨어지면 그 이후부터는 모든 것을 자력으로 해결해야 한다. 그런데 친척들까지 뜯어가니 참으로 힘들다. 그러니 농민들도 장사를 해서 번 돈으로 식량을 사 먹어야 한다. 직장인들보다 나은 점이 있다면 농촌지역이어서 쌀값이 좀 싸다. 그러나 장사가 도시보다 못하다. 우리 딸도 결국 영양실조로 이 세상과 작별하였다. 한창 배우고 자랄 나이에 한을 품고 저 세상에 갔으니 아비로서 원통하기 그지없다.

40대 후반, 여
함경북도 새별군, 농민, 98년 2월 월경.

　농민도 잘살지 못한다. 해마다 재해로 농사가 잘 되지 않기 때문에 앞마당에 채소나 감자를 심었다. 그런데 울타리를 높이고 또 높여도 훔쳐가는 바람에 밤에는 한 사람이 계속해서 지켜야 한다. 어떤 땐 울타리를 넘어와서 안에서 문을 열지 못하게 나무로 막아 놓고 훔쳐가기도 한다. 농촌에서는 1년 농사를 지어 량식을 분배하는데 한 달 내지 두 달 먹고 나면 살기가 막막하다. 자금이 없어 장사도 제대로 할 수 없으니 굶을 때가 많고 어떤 집에는 굶어죽은 사람이 몇이나 된다.
　조선도 중국처럼 도거리제(땅을 개인에게 분배하는 제도)를 실시해야 된다. 집체농장에서는 학습만 하여 머리만 빨개지게 하니 농사에는 모두 힘을 내지 않는다. 농장 밭의 풀은 범이 새끼치게 되어도 그 누구하나 김을 매려 하지 않고 집단적으로 맨다 해도 맥이 없어 많이 매지도 못한다. 제 집에서 짓는 밭은 아침 일찍부터 자지도 않고 풀을 맨다. 하지만 그것도 곡식이 여물기 전에 도둑을 맞기 때문에 결국은 수확이 없다. 우리 한 집 식구는 나흘 동안이나 쌀 한 톨 먹지 못하고 굶어서 누워 있기도 했다. 그래도 자식을 살리기 위해 팔 수 있는 물건들을 다 팔아서 국수 1킬로그램을 사기도 했다. 온 나라가 기아에 허덕이고 먹고 살기 위해 강행군에 채찍질이니 이젠 더 살아 갈 맥도 없다.

30대 중반, 여
함경북도 회령시, 노동자, 98년 6월 월경.

조선의 식량난은 재해도 재해지만 그보다 공장이 전부 문을 닫으니 공장에서 농사에 필요한 비료, 농약, 비닐막 등을 제때에 공급하지 못한다. 비닐막이 없어서 벼모를 제 때에 기르지 못한다. 기후로 치자면 조선에서 벼모를 중국보다 10일 정도는 앞당겨 해야 하는데 실지로 중국 연변에서 벼모가 끝난 10일 후에야 회령에서 벼모를 시작한다. 또 벼모가 된 다음에도 비료가 없어 주지 못하고, 병충해가 들어도 농약을 칠 수가 없다. 중국에서는 정보당 15,000근 정도 생산하는데 조선에서는 정보당 5,000근 정도밖에 생산되지 못한다. 강냉이는 중국에서는 정보당 15,000~20,000근씩 생산하는데 조선에서는 5,000근 정도밖에 생산하지 못한다. 이렇게 되다 보니 농사가 잘 된다 하여도 조선은 해마다 식량곤란을 받게 된다.

식량해결의 유일한 길은 중국처럼 개혁개방을 하고 농업에서 집체농사를 폐지하고 개체농사를 하여야 한다. 금년부터는 군대가 농사를 짓는다고 하여 농촌에 많은 군대가 내려가 있는데 이것은 웃음거리다. 군대가 무얼 알아서 농사를 지을 수 있겠는가? 예로부터 농사는 농민이 하는 것이지 딴 사람이 할 수 없는 것이다. 가을이 되면 농작물을 집체로 훔쳐가는 것이 군대다. 식량을 해결하자면 중국의 길을 걸어야 한다.

어촌의 생활

50대 초반, 남
함경남도, 수산사업소 공인, 98년 2월 월경.
아내와 아들 내외, 2살 된 손녀가 있음.

나와 아들은 수산사업소에 다닌다. 그러나 기름이 없어 제때에 고기를 잡을 수 없기에 로임도 받지 못하고 이에 따르는 식량도 공급받지 못했다. 우리 가정의 배급은 량정에서 주는 것이 아니라 사업소에서 준다. 그런데 고기가 없으니 그 량식이 어디에서 오겠는가? 어쩌다 한두 척의 배가 나갔다가 물고기를 잡아오면 저마다 기회를 노리다가 훔쳐서는 남몰래 장에 나가 팔아서 식량을 산다. 낚시질을 해서 고기를 잡아 장에 나가 팔기도 하는데 이런 일도 배가 고프니 어지럼증이 나서 제대로 할 수가 없다.

식구가 셋일 때에는 그럭저럭 살 수 있었는데 2년 어간에 식구 2명이 늘어나니 참말로 입에 풀칠하기조차 힘들다. 장사라는 것도 자기 밑천이 있어야 마음놓고 할 수 있겠는데 나라의 물건을 훔쳐 식량을 해결하자니 나라에 죄책감은 물론 우리나라의 재산을 허무는 범죄자란 느낌도 든다. 그러나 이렇게라도 살아야 한다는 것이 사람의 본능이라 생각된다.

30대 중반, 여
강원도, 수산물 작업소 직원, 98년 2월 월경.

    나는 98년 2월에 집식구들이 굶어 일어나지 못하는 형편에서 작업소 금고에 있는 1,600원을 훔쳐 쌀을 사 놓고 생각 끝에 중국으로 건너왔다. 이 방법 이외에는 별수가 없었다.

    98년 2월에 원산을 떠나 차를 타고 청진, 회령으로 왔다. 중국에는 이모 한 분이 있는데 그분을 찾아갈 수밖에 없었다. 98년 2월 말에 유선에서 중국 삼합으로 넘어왔는데 다행히 전화번호가 있어 이모를 찾았다. 이모부는 한국에 가시고 없고, 자식들과 함께 있는 상황에서 이모 역시 중풍으로 자리에 누워 있어 며느리가 출근하지 못하고 조리하고 있었는데, 온 날부터 그 집 보모가 되었다. 그 후 며느리도 한국 가는 바람에 온 집생활은 내가 도맡아야 했다.

    식량난 겪지 않을 땐 우리집 살림도 괜찮았고 수산물도 쉽게 얻을 수 있고, 사업하여 들어오는 것도 적지 않았다. 그러나 기름이 없어 고깃배가 근본 먼 곳으로 갈 수 없기에 고기잡이 나가는 숫자도 날로 줄어들었고 나라에 바치는 것도 제대로 낼 수가 없었다.

    우리나라에서 금고, 금액, 절취사건은 엄중하게 처리하며 감옥살이도 한두 해로 그치는 것이 아니다. 내가 온 후 우리 가정에는 어떤 봉변이 있었는지? 가히 짐작이 간다. 그러나 훔쳐서라도 살아야 하는 것이 조선의 지금 현실이다.

    조선은 동해와 서해바다의 자원을 제대로 개발하여 외국과의 관계를 잘 터서 기름만 제대로 들어온다면, 바다를 리용하여 량식업을 추진시켜 더 잘살 수가 있지 않겠는가?

만에 만가지가 모두 없는 이 땅에서, 가망이 조금도 보이지 않으니 신심도 없어진다.

사촌오빠가 도움만 조금 주면 한번 갔다 올 계획이다. 잡히는 날에는 끝장이다. 그러나 자식들은 정말 보고 싶고 살리고 싶다.

조국이여, 하루빨리 돌아서서 우리도 남 못지 않게 잘 먹고 잘 살아 보았으면 죽어도 원이 없겠다. 백의 동포들이여, 모두 힘 합쳐 조선을 구해 달라.

40대, 여
함경북도 어랑군, 98년 5월 월경.
남편은 배 타고 바다에 나갔다가 돌아오지 않고
아들 둘은 군대에 가고 딸과 함께 살았음.

나는 어랑군에서 살다가 온 지 1년이 된다. 나는 98년 5월에 조선과 중국 사이인 두만강을 건너 회령으로 하여 지금은 연길에서 살고 있다. 40대 중년으로서 자식들을 출가시키지도 못하고 중국에 들어와 혼자서 배불리 먹으며 지내자니 가슴이 찢어지는 것 같다. 남편은 바닷고기 잡으러 나갔다가 잘못되고 아들 둘이는 군대에 나갔다. 집에는 직장을 다니는 딸애만 있다.

나는 고기장사를 해서 살았다. 그런데 고기를 사다가 변질될까 봐 밖에 두었는데 다음날 아침에 나가 보니 누가 가져가고 한 마리도 없었다. 그 물고기는 적지 않은 돈이었다. 나는 그것도 돈이 없어 배에 나가 아는 사람에게 외상으로 가져 왔는데, 그 많은 돈을 어디서 나서 물어야 할지 나로서는 기가 막히었다. 나는 그 사람에

게 가서 일이 그렇게 되었으니 한번만 더 달라고 말했다. 이번에는 팔아서 꼭 빚을 물겠다고 했더니 그 사람은 나에게 물고기 50킬로그램을 또 주었다. 나는 그것을 가지고 장마당에 나갔다. 그날은 어찌 그런지 다른 사람들 것은 사지 않고 내 것만 사 갔다. 그래서 나는 50킬로그램 되는 물고기를 한나절에 다 팔았다. 나는 너무 좋아 신이 나서 집으로 오고 있었다.

그런데 시퍼런 낮에 강도를 만날 줄이야. 나는 한참 길을 걷고 있는데 웬 젊은 아이들이 칼을 빼 들고 돈을 내놓으라고 협박하였다. 나는 그들에게 빌었다. 아무리 사정사정해도 그들은 막무가내였다. 이렇게 돼서 나는 고기 판 돈을 다 빼앗기게 되었다. 나는 어떻게 했으면 좋을지 몰라 집에 들어와 눈물만 흘렸다. 우리 딸이 들어오더니 왜 그러느냐고 물었다. 나는 사실 이야기를 했더니, 걱정하지 말라고 하였다. 그 고기 주인은 매일같이 우리집을 찾아왔다. 그런데 우리 딸이 저희 동무네 집에 가서 그 많은 돈을 꾸어다 주었다. 그리하여 거기는 모면했는데 한달이 지나니 딸 동무 어머니가 매일같이 빚 독촉을 해서 집에 있을 수가 없었다. 나는 중국의 친척이라도 찾아보자고 편지를 10번도 넘게 보냈으나 감감 무소식이었다. 나는 이제는 별다른 방법이 없다고 생각하고 내가 중국에 들어가리라 생각했다. 나는 딸에게만 말하고 무산을 왔다. 나는 무산에서도 40리를 걸어서 변방지대에 숨어 있다가 새벽에 몰래 강을 건넜다. 이렇게 지금은 연길에서 산나물도 팔고 콩나물도 판다. 하루빨리 돈을 벌어 가야겠는데 딸이 단련받을 생각하면 기가 막힌다.

직업별 생활

60대 초반, 남
평양시, 간부, 97년 11월 월경.
7살 난 손녀가 급성 설사병으로 죽음.
아들과 며느리, 손녀가 영양실조에 걸렸음.

나는 40여 년 전에 김일성 종합대학교를 졸업하고 평양시 과학기술 부문에서 사업하다가 퇴직하였다. 나는 과거 영예군인이라 특별대우도 받고 생활이 비교적 좋았다. 그러나 조선 전체가 량식위기, 경제위기에 몰리고 보니 과학기술 인원들도 집에 있는 가구를 싼 값으로 몽땅 팔 수밖에 없었다. 평양의 이야기에 의하면 대한민국에서 신 5만 켤레, 옷 5천 벌, 량식을 갖고 왔다고 하는데 우리들은 배급받지 못했다. 미국에서 량식이 왔다고 하는데, 역시 배급을 받지 못했다.

30대 초반, 남
강원도 원산시, 노동자, 97년 12월 월경.

아버지는 50년대 의학대학 필업생으로서 조선에서는 명망이 높은 의사다. 그러나 아버지는 찾아온 환자를 약이 없어서 치료하지 못하거나, 생명까지 잃게 할 때엔 몹시 괴로워하신다.

지금 조선에서는 환자는 고사하고 건강하던 사람들이 굶어서 쓰러지고 있으니 이 얼마나 가슴 아픈 일인가. 나는 조선에서는 집식구를 살릴 방법이 없기에 비법적으로 도강하여 중국에 왔다. 중국에 도착한 그 날부터 큰아버지와 큰어머니, 사촌형제들이 보살펴 줘서 좋은 생활을 하고 있지만 조선에 있는 집식구들을 생각하면 눈물이 저절로 앞을 가린다. 우리 조선은 어찌하여 이 지경으로 되었는지? 해외동포와 외국에서 조선인민들을 동정하여 량식을 지원해 주었으면 한다. 우리 조선도 남북이 통일되어 다른 나라 못지 않게 아름답고 부강한 나라가 될 때가 꼭 돌아오리라고 굳게 믿는다.

40대 초반, 남
함경북도 무산군, 종업원, 97년 12월 월경.
96년과 97년 부모가 병으로 사망.
심장병에 걸린 아내와 영양실조에 걸린 두 자녀가 있음.

나는 철광의 종업원이다. 무산에 있는 철광공장 기계들은 대부분 파괴되었는데, 그것을 폐품으로 중국의 량식과 바꾸었다. 96년 7월부터는 신봉을 주지 않아 종업원들은 철분을 훔쳐서 팔거나 량식과 바꾸어 임시 량식난을 해결하였다. 나도 철분을 훔치다가 십여 차례 량식과 바꾸었다. 철광에서 더 훔칠 수 없게 되어 담배장사를 하였다. 담배장사로서는 살기가 어려워 중국으로 살 길을 찾아오게 되었다.

30대 후반, 여
자강도 자성군, 공인, 98년 1월 월경.

　나는 독로강 발전소에서 일을 한다. 우리나라는 수력 및 화력발전소가 수천 개 있다. 그러나 화력은 석탄이 없어 발전을 제때에 할 수 없는데다가 전체 직원들이 기아에 허덕이다 보니 제대로 일을 할 수가 없다. 여름에는 그래도 괜찮은데 겨울철에 들어서면 먹지도 못한데다가 일까지 고되니 너무나 힘들다. 아무리 일해도 한 달 로임은 100원도 되지 않고, 그것으로는 쌀 2킬로그램정도 밖에 살 수가 없다. 게다가 로임도 제때에 나오지 않는다.

20대 후반, 남
함경남도 신포시, 공인, 97년 12월 월경.

　나는 조선에서 수산사업소에 출근하였다. 우리나라 수산업소라는 것이 대체로 말이 아니다. 기름이 없어 배가 제때에 나가지 못해 고기를 잡지 못하고, 좀 잡아들인 고기는 일부는 개인들의 손을 통해 처리된다. 굶주린 배를 달래자니 할 수 없이 나라 재산에 손을 대게 된다. 때론 벌금도 내고 매도 맞고, 또 일부 직원들은 감옥에 들어가서 판결도 받게 되지만 그래도 저마다 눈치를 봐 가면서 사업해야 한다. 매 맞고 징역살이보다 먹고 사는 것이 중요하니 그럴 수밖에 딴 방법이 없다. 저마다 이렇게 하니 어떻게 나라가 부흥할 수 있겠는가? 수산물을 관리하는 사람들은 수산물을, 철을 관리하는 자는 철을 훔쳐 장마당에 나가 팔아서 쌀을 사 먹는데, 불쌍한 건 일반 백성들이다. 굶어죽어도 자신을 원망하고, 말라 죽어도 자신들을 원망할 수밖에 없다.

20대 중반, 여
함경북도, 고사총, 97년 12월 월경.
부대에서 7년간 복무하다 제대하고 고사총에서 근무. 실수로 국경을 넘어 돌아가지 못함. 심장병에 걸린 어머니와 동생이 있음.

나는 부대에서 갓 제대하였다. 신체도 튼튼하고 무병하다. 부대에서 훈련받아 사상은 비교적 붉다고 할 수 있다. 지금 고사총(군부대의 일종)에서 근무하기 때문에 나에게는 일정한 량식이 분배된다. 그러나 심장병인 어머님은 약은커녕 끼니도 멀건 죽으로 때우고 있다.

고사총은 안전부에 귀속되어 있다. 내가 맡은 임무는 중국을 드나드는 사람을 붙잡는 것인데, 국경선이 어디쯤인 것도 모르고 중국땅을 건너왔다. 안전원의 의탁을 받고 임무 완수한다는 것이 이렇게 돌아갈 수 없는 형편이 되었다. 건너만 가면 배반자로 영창생활이 분명하다. 조선에 있는 어머님과 동생은 현재 어떠한지? 나 때문에 무슨 봉변을 받지나 않을지? 어느 때 문뜩 안전원이 파견되어 나를 붙잡으러 오지나 않을지 근심이 태산 같다.

중국에 와 보니 딴 세상이다. 쌀독에 입쌀이 그득하고 마당에는 통강냉이가 나뒹굴고 묵은 밥은 먹기 싫어 돼지밥을 주니, 생각 다 못해 한 청년을 남편으로 섬기기로 약속하고 결혼식을 올렸다. 돌아가도 죽을 바엔 행복을 찾아 살아야겠다.

40대 후반, 남
평안남도, 당비서, 98년 2월 월경.
97년 부모가 모두 장티푸스로 사망. 아내와 영양실조에 걸린
세 딸이 있음.

나는 옥파(양파)로 외화벌이 하는 농장의 당비서였다. 당이 어찌하라면 곧 그대로 집행하였고 아주 조신하게 살아왔다. 남이 주는 폐물 하나 받지 않으면서 조신하게 살다 보니 생활은 일반 백성과 같은 처지였다. 옥파를 심어 첫 두 해는 그래도 소작을 거두었지만 그 후부터는 비료가 없고 그 땅에 계속 심다 보니 해마다 감소되어 이젠 외화벌이도 못하게 되었다. 량친 부모가 중병에 걸렸어도 약 한 첩 쓸 도리가 없어 눈 뜨고 세상을 뜨게 하였다. 세 딸은 모두 영양실조에 걸려 학교도 가지 못하고 작은 딸은 걷지도 못한다. 조국을 잘못 만났는지, 사회주의 건설이 잘못인지, 당비서로서 이런 말은 너무 한 것 같지만 살 길을 찾자면 먼저 살고 난 후에 건설해야 된다고 생각한다. 그리하여 큰 마음 먹고 중국에 오게 되었다. 앉아서 듣기와는 완전히 딴 세상이다. 무엇이나 흔하고 배불리 먹으니 무엇을 더 요구되겠는가. 입밥 먹을 때마다 부모님 생각, 자식 생각에 넘어가지 않는다. 눈물이 난다. 우리 조국은 왜 못 사는가? 이웃에 한 집에서는 처를 가마에 삶아먹기까지 하여 감옥살이를 했다. 얼마나 끔찍한 일인가. 사람이 사람을 잡아먹으니 말이다. 조선은 밤에 밖에 나다니기조차 무섭다. 어린아이들을 거리에 내놓기조차 힘들다. 아이들을 얼려서는 집에 데려가서 잡아먹

기까지 한다. 돌아가야 하기에 그보다 더 가혹한 말은 삼가하겠다.

30대 후반, 여
강원도 원산시, 사무원, 98년 6월 월경.

    몇 년째 식량난으로 인해 조선의 형세는 참으로 비참하다. 노동자, 농민이 굶어죽을 뿐만 아니라 시장에서 장사할 줄도 모른다. 활동능력이 약한 공장기술원, 연구소의 연구원, 의무일꾼들이 많이 죽어가고 있다. 나라를 발전시키려면 많은 연구원들과 기술일꾼들이 필요하다. 선진국에 비하면 지금 조선의 연구원, 기술일꾼들은 아주 적은 편이다. 그나마도 식량난으로 굶어죽는다는 것은 안타까운 일이며 국가에 크나큰 손실이다. 연구원이나 기술일꾼마저 보호할 수 없는 이 나라를 어떻게 다시 회복하겠는가?
    나라가 이렇게 된 것은 자연재해도 있지만 더욱 중요한 것은 국가에서 나라를 잘 령도하지 못하기 때문이라고 본다. 특히 국가의 중요한 방침과 정책을 잘 제정하여야 한다. 조선 백성은 부지런히 일하는 근면한 백성이다. 다른 나라가 다 잘살고 있는데 왜 조선만 못 살고 이런 비극이 초래된 것인가? 지금 대선거라고 대대적으로 선전하는데 선거를 해 봤자 그 사람이 그 사람이지 달라지겠는가? 백성의 고통을 해결하는 령도라야 좋은 령도인 것이다. 하루속히 나라의 근본 방침을 바꾸어야 하며 남북통일에 힘써야 한다. 통일되어야 조선은 출로가 있을 것이다.

30대 후반, 남
함경북도 청진시, 제철 공인, 98년 3월 월경.
부모와 7살 난 딸이 사망. 아내와 딸이 하나 있음.

나의 처는 교원질하여 활동력이 극히 적다. 교원사업에서는 능수지만 고난의 행군길에서는 어쩌지 못하고 있다. 그렇다고 교원질을 그만둘 수도 없고 하여 내가 나서서 량식을 구하러 다녀야 했다.

있는 가산도 다 팔아야 했고 집도 팔아 비좁은 집으로 바꿔서도 살아 보았다. 그러나 96년 12월에 잘 자라던 작은딸이 영양실조에 걸려 죽고 난 후, 처도 간혹 휴가를 받고 농촌으로 장사길에 나섰다. 사회주의 국가에서 굶어죽는다는 것은 너무나 수치스러운 일이다. 하루에도 수십 명씩 무리 죽음을 당하여 미처 매장 못하면 하루 이틀 그 자리에 있을 때가 많다.

학교에서 교학 도중에 어떤 학생은 그 자리에서 일어나지 못하고 까무라친다. 선생들도 이제 교학할 용기조차 상실한다. 자신의 의식주도 해결 못해 굶고 학교에 나올 때가 많고, 특히 교원가족의 사망자 수가 많다. 학교 선생님들은 활동 능력이 적기 때문에 장사 능력도 없다.

우리집에는 3명의 사망자가 있었다. 참 굶어죽은 딸만 생각해도 가슴이 아프다. 죽는 그 시각까지 '엄마' 한 마디 부를 맥도 없고 무얼 먹고 싶다는 말 한 마디 못했으니 너무나 가엾다. 부모인 자신이 얼마나 무능하면 자기 자식을 굶겨 죽이겠는가?

너무나도 총명하고 귀엽던 딸의 죽음으로 처는 며칠 동안 일어나지도 못했다.

중국의 백성, 중국의 아이들은 너무나도 행복하다. 우리도 언제면 이렇게 살 수 있겠는지?

50대 중반, 남
황해북도 송림시, 화학섬유공장 창고장, 98년 4월 월경.

나의 직업은 창고장이여서, 남과 좀 달랐다. 창고의 섬유천을 가만히 훔쳐 장마당에 나가 팔아서 쌀을 사먹기도 했다. 나의 친구, 친척들은 나를 보기만 하면 좀 달라는 통에 결국은 령도에서 알게 되어 목이 잘리고 말았다. 며칠 단속에 걸려 애먹었으나 감옥에 넣지 않았으니 다행이었다. 원래 지배인과 비서의 관계가 좋았기 때문인가 보다. 온 나라가 공장의 기계를 뜯어 팔아먹고 공장 물건을 훔쳐 팔아 살아가니 조선은 이전에 전쟁시기 복구보다 더 힘들 것이다. 지금 당에서는 각 기업소마다 잠지

적발하는 운동을 벌리고 있다. 내 문제가 더 사출되기 전에 지배인의 귀뜸을 듣고 줄행랑을 놓았다. 때가 지나면 죄가 감소되겠지. 좌우간 돈 벌고 봐야 되겠다. 산다는 것이 너무나도 힘들다.

20대 중반, 여
함경북도 명천군, 직장원, 98년 3월 월경.
98년 아버지가 폐암으로 사망. 폐결핵에 걸린 어머니와
청진시에서 대학을 다니다가 허약증으로 집에 와 있는 동생이 있음.

    우리 아버지는 35년간 교육공직에 충성한 당의 충신이다. 금메달도 세 개나 받았으나, 지금과 같이 식량난에 허덕이는 상황에서는 그것도 무용지물이다. 교원 직업하실 땐 그래도 잘사는 간부 자식들은 우리 아버지에게 종종 선물도 가져왔고 량식난 받을 땐 남 모르게 량식도 가져왔다. 교편을 잡아 분필가루 탓인지 폐암 진단을 받았으나 약도 제대로 쓰지 못하고 모진 아픔과 씨름하시다 돌아가셨다. 당의 충신도 국가에서 돌보지 못하는 형편이니 가히 조선이 리해되지 않는가?
    나는 중국에 건너와 고마운 친척과 중국 동포들의 도움을 받아 시집을 갔는데, 신랑은 아주 부지런하고 마음씨 무던한 분이다. 불쌍한 나를 극진히 생각해 준다. 그러나 따뜻한 입밥 먹을 때마다 돌아가신 불쌍한 아버지와 어머니, 동생 생각에 눈물 흘릴 때가 한두 번 아니다. 왜 우리는 이렇게 갈라져 살아야 하는지? 무엇 때문에 처녀로서 연애도 해 보지 못하고 총각에게 시집가야 하는지? 이렇게라도 살아서 부모, 형제를 도와야겠다.

10대 후반, 남
함경북도 김책시, 체육학원 학생, 98년 4월 월경.
97년 8월 아버지, 어머니, 동생이 파라티푸스에 걸려 가족이 모두 사망.

 나는 지금 격분한 심정을 달랠 길 없다. 무엇 때문에 우리나라 백성들은 이렇게 무리 죽음을 당해야 하는지? 우리 가정이 무엇 때문에 멸망되어야 하는지? 이제 나에게는 눈물도 마르고 없다. 체육대학에서 훈련받고 학습하여 저항력이 좀 있었던지 나에게는 그 몹쓸 병이 오지 않아 외롭게 홀로 이 세상에 남았다. 체육단에도 하루 한 끼는 멀건 죽 아니면 옥수수국수, 옥수수밥은 고급이었다. 강훈련을 하고 나면 눈앞에 별이 왔다갔다 하였다. 생각다 못해 체육이고 뭐고 조국이고 계속 이러고만 있을 수 없다고 생각하고 중국으로 넘어왔다.

 량친 부모를 잃고 동생마저 잃고 나니 총이라도 있었으면 웃대가리들을 쏴 죽이고 싶은 심정이었다. 체육단 아이들도 잘 먹지 못하고 강훈련만 하니 영양실조로 하루에도 쓰러지는 애가 한 둘이 아니다. 견디지 못하고 제 집으로 돌아가는 애가 3분의 1로 보아진다. 나라도 망하고 있다. 백성들은 다 죽고 있다. 그래도 나라에서는 속수무책이니 어찌 이런 령도를 믿고 살 수가 있겠는가? 어쨌든 살아야만이 이후 다시 나라를 살릴 것이 아닌가? 몸 튼튼히 하고 다시 조국을 건설할 것이다.

감옥

30대 중반, 남
함경북도, 전시물자 보관원, 98년 2월 월경.
공급이 끊어지면서 보관할 물건도, 훔칠 물건도 없게 됨.
지붕 양철을 벗겨 팔아서 살았음. 중국에 갔다가 돌아오던 중 안전부에 붙잡혀 온성감옥에 있었음.

식구들을 살리기 위해 10월에 중국에 갔다 오다가 붙잡혀 온성 감옥에 갇혀 죽게 고생하였다. 옷을 몽땅 벗기는데 조금만 반항하면 칼로 옷을 갈기갈기 찢어 놓을 뿐만 아니라 살까지 찢기어 피가 나도 그들은 대수로워하지 않는다. 그들이 발로 차서 코에서 피가 흘러 정신을 차릴 수 없는데도 계속 때리고 욕을 했다. 안기부의 부탁을 어떻게 받았는가? 누구와 접촉했는가? 그 질문이 일제시대를 방불케 한다. 지금은 온몸에 상처투성이다. 생각만 해도 반항심이 불 붙듯 하지만 어쩌겠는가? 마음 맞는 사람끼리는 불평을 할 수 있지만 내놓고 했다가는 정치범이 되어 감옥살이를 면하지 못할 뿐만 아니라 가정까지 추방 아니면 감시가 따른다.

사회불만을 말하였다 하여 붙잡혀 온 사람과 한방에 있었는데, 그들은 그 사람을 다시 걷지 못하게 종지뼈까지 끊어 놓았다. 사회주의 제도에서 이럴 수가 있는지? 리해가 되지 않는다. 그 사람은 종신병이 되어 자신의 몸도 운신하기 힘드니 죽기만도 못하다. 감옥에는 중국으로 가다가 붙잡힌 사람, 오다가 붙잡힌 사람, 가자고 약속했다 발각된 사람으로 차고 넘친다. 살려는 사람은 살게 만들어야 하지 않는지? 살아야 나라도 건질 것인데, 대체 리해가 되지 않는다. 언제면 통일되어 잘살겠는지.

30대 후반, 남
함경남도 단천시, 광산 노동자, 97년 11월 월경.
97년 아버지가 사망. "神"이 내려 점을 치고 환자들 병을 치료하다가 귀신을 믿는다는 죄로 감옥에 갇혔음.

 감옥 안에는 별별 사람이 다 있다. 중국에 가다가 잡힌 사람, 중국에서 오다가 잡힌 사람, 소를 잡아먹어 잡힌 사람, 사람을 잡아먹어 잡힌 사람, 말 한 마디 잘못해서 잡힌 사람, 강도, 도둑놈. 감옥이 차고 넘쳐 중국에 갔다 온 사람은 며칠 재우곤 퇴옥시키곤 했다. 나는 귀신을 믿었다는 죄로 77호에 갇혔는데 88호, 99호, 100호는 모두 엄중한 범인들이었다. 100호는 정치범이었다. 나는 감옥에서 일본 제국주의보다 더 가혹한 형벌을 받았다. 죽어도 잊혀지지 않을 것이다.
 1) 토끼형벌 : 두 손을 뒤로 하여 두 무릎에 붙인 후 나무를 끼워 토끼처럼 깡충깡충 뛰게 하는 형벌. 20분 가량 형벌을 받고 나면 식은 땀이 찰찰 흐르고 쓰러질 수밖에 없다.
 2) 제비형벌 : 제비처럼 두 팔을 뒤로 뻗쳐 겨드랑 사이에 나무를 끼우곤 뒤로 힘껏 제끼는 형벌. 흉막이 쫙쫙 찢어지듯 참기 어려운 형벌을 받고 나면 2, 3일은 정신을 차리지 못한다.
 나는 두 가지 형벌을 다 받았다. 제비형벌을 받은 다음엔 3일 동안 혼수상태였다가 깨어났다. 지금도 잊혀지지 않는 것이 있다. 13살 난 여자애가 중국에 갔다가 붙잡혀 왔는데 나를 보고 하는 말이

"삼촌! 배 고프면 옷을 뒤집어 놓고 알뜰살뜰 털어요. 그러면 이가 욱실욱실 떨어지는데 그 이를 모아 먹으십시오. 3일은 크게 배고 프지 않아요. 나는 두 번이나 그렇게 했는데, 먹고 나니 눈 정신이 나더군요." 얼마나 참혹한 일인가?

40대 초반, 남
함경북도 회령시, 농장원, 98년 2월 월경.
처가 장사를 다니다가 죽은 후 세 자식들을 살릴 길이 없어
이웃에 아이들을 맡겨놓고 중국에 갔다 오다가 잡혀 두 달 동안 감옥생활을 함.
감옥에서 돌아와 보니 두 아이는 굶어죽었고 한 아이는 행방불명이 됨.

　자식을 살리려고 중국에 왔다. 조교들의 밀고로 붙잡혀 온성감 옥에 들어가 보니 눈뜨고는 볼 수 없었다. 10평도 되지 않는 곳에 남녀가 한 방에서 대소변을 봐야 했고, 주는 것은 멀건 죽이 아니면 통옥수수였다. 반찬은 절인 무 조각 두 개에 소금물이었다.
　감옥에 들어가면 첫 인사가 "강택민 밥을 먹어 살쪘구나" 하면서 아침 6시부터 밤 10시까지 꼼짝 못하고 앉아 있게 한다. 조금만 움직이면 삽날로 두 팔을 벌리게 하고 사정없이 후려친다. 어떤 사람은 손톱이 다 뽑혀 피가 줄줄 흘러도 천이 없어 싸맬 수가 없고, 어떤 사람은 상처에 피고름이 흘러도 약을 주지 않는다.
　심문실에 들어가면 빤쯔만 입혀 놓고 샅샅이 수색을 한다. 중국에 가서 누구를 만났고 무슨 정치임무를 맡고 왔는가 하는 질문이 끊일 새 없다. 살자고 중국에 간 것도 그리 큰 죄인지. 자기네는 배불리 먹고 있으니 평백성들의 고충을 알 수 있는가. 온성감옥에서 40여 일 있다가 회령감옥으로 가서 20여 일 있었다. 그래도 회령은 온성보다는 좀 괜찮았다. 산업동 담당 주재 지도원도 내가 나간 다

음 만나 하는 말이 "붙잡히기는 왜 붙잡혀 오는가? 듣는 말에 먼 흑룡강에 가면 일 없다는데" 했다. 집에 돌아가 보니 이미 다른 사람이 들어와 살고 있었다. 자식 살리러 갔다가 감옥살이를 하게 되었으니 죽은 자식들에게 너무나도 미안하다. 부모 구실도 못하고 자식 하나 건사하지 못했으니. 나는 담당 주재 지도원에게 꼭 중국으로 가겠다고 말했으나 그도 제지하지 않았다.

50대 후반, 여
함경북도, 의사, 98년 3월 월경.
아들이 감옥살이를 하고 나오자 식구들 모두 추방되어
농사를 지었음. 남편이 장티푸스에 걸려 사망하고
불구인 아들과 딸을 데리고 살다가 자식들을 구하려고 중국으로 건너옴.

아들은 20살에 군대에 갔고, 아들이 맡은 임무는 량식 창고 보초를 서게 되었는데 92년부터 차츰 미공급이 되기 때문에 보초장은 자신의 직위를 리용하여 며칠에 한번 량식을 훔쳐 내갔다. 눈치가 보여서인지 네 명의 보초병에게도 100킬로그램 정도의 량식을 훔쳐 준 것이 결국에는 발각되었다. 100킬로그램 량식 때문에 20살에 나의 아들은 청진감옥에 가게 되었다. 콘크리트 바닥에서 추운 겨울을 지내야 했는데, 량식 훔친 죄는 정치범 다음으로 죄가 무거워 사람 취급을 받지 못하고, 그 랭대와 천시가 말할 수도 없는 지경이었다. 그런 아들 처지가 너무나 가슴 아파 우리는 먹지 못하면서도 조금씩 영양가루를 만들어 보내면 절반은 떼이고 별반 아들에게 차려지는 것이 없었다. 4년 형기 중 2년째 차디찬 콘크리트 바닥에서 밤을 지새우다가 앉은뱅이가 되어버렸다. 더는 별 수 없어 집에 데려가라 하여 데려왔지만, 지금과 같은 미공급 시대에 어디에서 무슨 돈으로 약을 쓰며 영양보충을 하겠는가? 아들은 지금 걷지도 못하고 방에 앉아 있는 신세가 되었다. 나는 일말의 희망을 품고 약이라도 얻어 자식을 살리고 걷게 할 수 있을까 하여 중국으로 왔다. 중국은 정말 딴 세상이다. 배불리 먹고 자유로이 살고 있는 것이 너무나 부럽다.

30대 후반, 남
함경남도 단천시, 노동자, 98년 2월 월경.
97년 어머니와 여동생이 사망하고,
처와 두 아들이 영양실조에 걸려 있음.

극심한 량식난으로 굶고 병들어 죽는 일이 희귀한 일이 아닐 정도로 사람들은 무감각해졌다. 하룻밤 자고 나면 누구네 누가 죽었다는 소식이 날마다 5~6명 정도로 전해지는데, 대개가 늙은이와 아이들이 먼저 죽는다. 그래서 60세 이상의 로인들이 없다. 게

다가 소, 양, 염소 같은 걸 잡아먹거나 불만의 소리를 해도 잡아 고생시키다 총살한다. 총살할 때도 군중을 억지로 총살장에 몰아넣어 보게 한다. 죄인을 꽁꽁 묶어놓고 몸부림치는 그들에게 '뽕'(열콩 만한 크기에 침이 닿으면 입 안이 꽉 차도록 팽창되는 특수제품)을 입을 제끼고 뿌려 넣어 죄인이 소리치지 못하게 한 다음, 련발로 온몸에 탄알 구멍 낸 후 최후에 머리를 정통으로 쏘아 죽인다. 사회주의라는 미명을 걸고 굶는 백성을 극구 해결해 주는 데는 신경 쓰지 않고 억압하고 있으니 그 독재가 파쇼보다 더할 지경이다. 우리들은 살 길이 막막하다.

국경에서[11]

60대 초반, 남
함경남도 함흥시, 98년 1월 월경.
97년 아내와 6살, 3살 난 손주가 영양실조로 사망.

나는 중국에 있는 친척들의 지원을 받기 위해 중국에 편지를 보내고 남양에 와서 여러 날을 기다렸다. 매일 강둑에 서서 다리만 쳐다보면서 건너오는 사람을 눈이 빠지게 기다리다가는 실망하고 하숙집에 들어오곤 했다. 1월 7일 나는 다른 날과 마찬가지로 강둑에서 기다리는데 차 한 대가 건너왔다. 혹시나 나의 동생들이 오나 싶어 가까이 가서 내리는 사람을 눈여겨 보았는데 차에서 내리는

---

11) 중국과 북한은 두만강과 압록강을 경계로 국경을 형성하고 있다. 중국쪽 두만강 접경지역은 연변조선족자치주로 조선족이 많이 분포하고 있다. 중국의 조선족들은 북한에 대부분 친척이 있다. 일제의 식민지 수탈을 피해서 연변지역으로 이주했으며, 또 1960년대 중국이 대약진운동으로 식량사정이 어려울 때 중국의 조선족들이 북한으로 많이 이주하기도 했다. 그리하여 중국 연변지역과 북한은 국경을 사이에 두기는 했지만 여권수속 없이 간단한 증명만으로도 쉽게 왕래가 있었다. 그러나 북한이 경제가 어렵고 식량난을 겪으면서 이러한 왕래가 차츰 어려워지고 수속을 밟기도 까다로워졌다. 특히 북한에서는 주민들이 중국으로 가는 것을 심하게 단속하고 있다. 친척방문이 어려워지자 중국에 친척이 있는 사람들은 중국친척의 도움을 받기 위하여 국경선 부근 도시에 와서 중국에 편지를 보내놓고 친척이 방문해 주기를 무한정 기다리고 있다. 북한측 국경도시인 남양이나 회령의 국경변에는 이렇게 친척을 기다리는 무리들이 추운 겨울에도 100여 명 이상씩 된다고 한다.

사람은 젊은 여자와 아들로 보이는 두 남자애들이었다. 여자의 엄지손가락에서는 피가 흘렀으며 쇠줄 같은 것이 드리워져 있었고 두 남자애는 큰 애가 10살을 초과한 것 같지 않았다. 그 모자의 얼굴은 붓고 퍼렇게 멍든 곳이 여러 군데 있었으며 얼굴에 핏기라곤 없었다. 나는 해관 대문 부근에 와서 그들이 나오면 똑똑히 보려고 하루종일 지켜 서 있었다. 저녁 무렵에 불쌍한 두 아이와 그 애 어머니는 안전원들에게 끌려갔다. 하숙집으로 돌아온 나는 낮에 발생한 일이 눈앞에 선하여 잠을 이룰 수 없었다. 그들 처지가 얼마나 가련한가? 앉아서 굶어죽을 수 없어 도강하다가 성공도 못하고 잡혔으니 그 고통이야말로 어찌 한 입으로 다 형언할 수 있겠는가? 나는 그 날 저녁 내내 공포 속에 잠겨 뜬 눈으로 밤을 보냈다. 친척을 기다리다가 가져온 려비도 다 쓰고 돌아갈 차비도 없어서 가지도 못하고 있지도 못할 정황이 되었다. 그래서 도강할 결심을 내리고 무사히 목적지까지 도착했다. 나는 지금 동생 집에 와서 조국에서는 상상하지도 못할 고급생활을 하고 있다. 그러나 밥을 먹다가도 집식구들을 생각하면 목이 멘다. 나는 친척들이 준비한 물건을 가지고 이틀 후 떠나려고 한다. 우리는 지금 그 누구도 상상하기 어려운 나날을 보내고 있다.

60대 초반, 여
황해남도 삼천군, 98년 6월 월경.
남편이 폐결핵으로 사망하고 아들, 며느리, 두 명의 손주가 있음.

남편은 폐결핵으로 오랫동안 앓다가 약도 쓰지 못하고 97년 12월에 끝내 우리와 영별하였다. 아들은 병이 점점 심해지고 손자, 손녀들은 영양실조로 학교에 갈 수 없는 정도로 허위증이 왔다. 나는 집식구들을 살리려고 갖은 노력을 했지만, 집식구들은 맥이 없어 자리에서 일어나지 못하는 정황이었다. 나는 집에 있는 이불솜을 팔아서 옥수수가루를 준비해 놓고 중국으로 떠나왔다.

변방 보초선까지 온 나는 어린 보초선 군인들에게 인사를 하고 "나는 황해남도에서 이곳까지 친척을 찾아왔는데, 너희들이 보는 데서 강을 건너가겠다. 총을 쏴도 할 수 없으니 건너가겠다"라고 말했다. 보초병 전사는 나의 손을 잡고 "나를 손자로 보면 내가 보는 데서 물을 건너지 마십시오. 만일 할머니가 기어코 도강하겠다면 우리 보초선이 교대하는 시각이 8시니 그때 건너가십시오" 하며 타일렀다. 이렇게 나는 무사히 도강하여 중국에 왔다.

40대 중반, 남
황해남도 옹진군, 노동자, 98년 1월 월경.
97년 아버지가 사망. 어머니와 아내, 두 자녀가 있음.

어머니가 가족들의 생계를 위해 애쓰다가 지쳐 자리에 눕게 되자, 우리집 생활은 여지없이 곤란하게 되었다. 집식구들이 다 굶어죽을 형편이 되어 중국에 계시는 누님에게 편지를 보낸 다음, 남양에서 기다리기로 약속하고는 누님의 회답을 기다릴 생각도 하지 않고 갖은 고생을 하며 남양으로 갔다. 남양 교두 부근 강둑에서 친척들의 지원물자를 기다리는 사람들을 사귀게 되었다. 내가 교두에서 삼 일 동안 머물면서 기다리는 동안 원산에서 집을 팔고 온 두 사람이 삼 개월 동안 친척들이 오기를 기다리다 역전에서 굶어 사망한 것을 보았다. 매일 역전과 강둑 부근에는 주검들이 많은데 대부분 외지에서 온 사람들이라고 하였다. 이 정황이 나에게 곧 닥쳐오겠다고 느껴져 려비를 다 쓰기 전에 결심을 내리고 도강했다.

30대 초반, 남
함경남도 신포시, 농민, 98년 7월 월경.

조선에서는 먹지 못하고 입지 못하는 사람들이 수없이 많다. 심지어 군인들마저 먹을 것이 없어 중국사람을 보면 10원을 달라고 한다. 이들이 다 이러니 초소를 어떻게 바로 지키겠는가? 모든 신경이 다 먹을 것을 구하는 데 가 있다. 변경 해관장들도 직장 옆에 있는 살구나무에 올라가 살구를 따 먹고 살구씨를 깨 먹고 하면서 물건검사를 하니 더 이를 데가 있겠는가?

60대 초반, 여
함경북도 회령시, 노동자, 97년 12월 월경.
97년부터 중국에 와서 사돈 집에서 양식을 얻어 감.
경비군에게 먹을 것과 돈을 주어 경비관을 통과함.

　회령시 해관 부근에는 내지에서 온 시민들이 100여 명 된다. 여름에는 나무와 나무 사이에 비닐을 치고 지냈으나 겨울에는 회령시에서 셋집살이를 하면서 중국 친척을 기다리다가 만나 보지 못하고 앓다 죽은 사람도 있다. 회령시는 중국과 가까워서 내지보다 어렵지 않아서인지 꽃제비 아이들이 역전과 장마당에 많다. 유치원 문이 닫혔고, 공장이 가동되지 않으며, 병들고 굶어서 죽는 사람이 많다. 역전동만 하더라도 로인이 70여 명 되는데 96년부터 97년 동안 40여 명이 사망했다.

이렇게 삽니다

30대 초반, 남
함경북도 명천군, 탄광 공인, 98년 2월
어머니와 아내, 어린 두 자녀와 함께 월경.

96년 7월 처가 둘째 딸을 낳았으나 쌀 한 톨이 없어 밥 한 술 먹이지 못했다. 겨우 감자 몇 알을 얻어 삶아 갔다가 의사의 책망을 듣고 돌아와 온 마을을 헤매 겨우 쌀 150그램과 미역을 조금 얻어 쌀밥을 해 갔다. 산모가 먹지 못하니 아이는 영양실조에 걸렸고, 온몸에 부스럼이 났으나 약도 사 발라 주지 못했다.

조선은 온통 서로 훔치고 빼앗고 사람 죽여 삶아 먹고 소름이 끼칠 정도로 험악한 사회다. 계속 있으면 올해 안으로 3분의 2정도 죽고 없을 것이다. 앉아 죽을 수 없어 아이 둘에 늙으신 부모님을 모시고 산을 넘어 강에 빠지면서 중국으로 왔다. 친척을 찾아 살 길을 찾아야 생명이나 보존할 수 있기 때문에 조국을 배반한다 해도 별수가 없다. 힘 있는 사람은 자기 것도 타 먹고 다른 사람 것도 싸게 사서 타 먹는다. 은행의 돈을 찾자 해도 100원 찾기가 어렵다. 1,000원을 찾으려면 40~50원은 줘야 한다. 로임이 20~30원인데 통강냉이 1킬로그램이 30원이다. 로임도 안 주지만, 준다 해도 한 사람이 몇 끼 먹을 것밖에 안 된다. 출근하지 않으면 배급카드도 안 주고 강제노동만 시킨다. 남양에 왔다 갔는데 보위부에 잡혀가 15

일 동안 반성문 쓰느라고 볼펜 하나가 다 닳았고 강제노동도 했다. 밤에 자다가 소리나서 나가면 사람들이 땔감에 쓰려고 울타리를 뜯어간다. 불이 없으니 6~7시 되면 저녁 일찍 먹고 누워 자고, 밤새 누웠다 앉았다 하다가 아침도 늦게 먹는다. 등잔불 할 기름도 없고 전화도 잘 안 통하는데, 보위부 산하든지 하는 전화 아니면 연결되기 힘들다. 차라리 그 동안에 다녀오는 것이 낫다. 잘사는 사람도 있는데 그들은 배가 나오고 얼굴에 기름이 잘잘 흐르고 한 푼이라도 더 벌자고 자기 것만 챙긴다. 하루 세 끼 강냉이밥이라도 먹는 것이 소원이다.

30대 후반, 남
함경북도 청진시, 노동지, 97년 11월 월경.
부모와 아내, 딸이 사망. 12살 난 아들이 있음.

94년부터 배급이 철저히 끊겨 나무를 5단씩 해서 팔았다. 금년에는 집에 있는 책상, 걸상, 밥상을 시장에 내다 팔려고 해도 팔리지 않았다. 할 수 없이 책상, 걸상, 밥상을 몽땅 도끼로 패 한 단씩 묶어 불 때는 나무로 팔아서 량식을 해결하였다. 산속에 가서 나무뿌리, 약재, 삼지뿌리를 파서 팔았으며 풀과 나뭇잎을 뜯어서 푸대죽을 쒀 하루에 한 끼씩 먹었다. 우리는 죽은 목숨이다. 지금은 숨이 떨어지지 않았지만 먼저 죽는가, 후에 죽는가 하는 시간문제지 98년 봄이면 다 죽을 것이다. 우리나라 법을 지키고 산 사람은 이미 다 굶어죽었다. 그래도 나라 법을 위반하고, 밀수장사나 도둑질을 한 사람은 겨우 생명을 연명하였다. 나의 처는 산속 나무뿌리를

캐
러 갔다
가 굶어죽고
집에 돌아오지 못했다. 그 후 딸
까지 죽고 보니 더는 살 생각이 없어 아
들과 함께 자살을 하려고 했는데 먹고 죽을 약을 살 돈마저 없어
그럭저럭 오늘까지 지내왔다.

40대 초반, 여
함경남도 홍원군, 노동자, 97년 12월 월경.
남편이 담배장사를 하러 다니다가 강도에게 목숨을 잃음. 이후
시아버지가 폐결핵으로 사망하고 아들과 딸은 영양실조로 누워 있음.

 숱한 사람들이 병들어 죽고 굶어죽고 있지만 아무도 문의하는 사람이 없고, 전염병(장질부사)이 돌아서 셀 수 없을 정도로 사람이 죽어갔지만 위생, 방역사업이란 전혀 없다. 굶어서 뼈밖에 남지 않은 사람에게 이까지 생겨 사람의 피를 빨아먹으니 그 시달림도 죽을 지경이다. 배 안에는 회충이 생겨 고통스럽고 벼룩, 빈대들이

욱실거리지만 약도 없다. 전력이 부족하여 밤이면 전기가 없고 난방이 되지 않으니 인간의 정이라고는 전혀 볼 수 없는 짐승 같은 생활을 하고 있다. 아이들은 배가 고파 학교에 다니지 못하고 영양실조로 눈도 어두워졌으며 딸은 자립적인 생활조차 할 수 없다. 낮이면 나가서 '프랑스 오물'이 쌓여 있는 곳에 가서 쓸만한 물건이 있나 둘러보다가 오물이 무너지는 바람에 오물에 깔려 죽기도 한다.(홍원군에서 하루 평균 프랑스 오물에 깔려 죽는 사람이 10여 명이다) 그러나 누구도 관계치 않고 있으며 시민들은 반항심이 생겨나도 굶어 힘이 없다 보니 항의도 못하고 있다. 시민들의 마음속에는 정부에 대한 불만이 있지만 목이 떨어질 것이 두려워 공개적으로 말할 수도 없다.

 중국의 생활이 좋다는 이야기는 들었으나 직접 와 보니 천당 같다. 남조선은 중국보다 몇 십 년 앞섰다고 하는데, 믿기 어려웠으나 남조신 테레비를 보고 사실임을 알게 되었다. 우리들의 갈망이라면 남북통일이 되는 것이다.

30대 후반, 여
함경북도 은덕군, 노동자, 98년 2월 월경.
행방불명된 남편이 중국으로 왔다는 소문을 듣고 찾아옴.
딸은 사망하고 두 아들은 행방불명됨.

 식량난이 극도로 되니 사람들은 죽음을 무서워하지 않는다. 시금치, 배추, 오이, 가지, 양배추, 빨간 무 따위가 자라서 먹을 정도가 되면 '예광탄' '훈련탄' 장비로 경비를 서도 어떤 틈을 타서라도 도적질해 간다. 훈련탄은 살상력이 약해도 맞으면 큰 고생을 하는데 공포로 쏜다. 가을이면 수시로 이런 총소리가 들리지만 굶주린 사람들의 습격을 막을 수가 없다. 97년에는 정부에서 농작물을 훔치는 자에 한해서는 총격한다는 포고를 내렸다. 조선사람 치고 로동자, 농민들 가운데서 관골이 나오지 않은 사람이 없으며 안확이 꺼지지 않은 사람이 없다. 사람마다 거무죽죽한 게 마치 귀신 같다. 소금물과 풀만 먹으니 부증이 오고 20여 일씩 부증이 오다 내리면 기력 없이 죽는다. 우리 인민반에서는 묻은 시체를 파내어 삶아먹는 일까지 있었으니, 그 식량난의 정도는 상상하고도 남음이 갈 것이다.

30대 후반, 여
함경북도 청진시, 노동자, 97년 12월 월경.
직장에 나가지 않고 술, 담배, 양말, 해산물 등을 팔아 살았음.

청진에서 제일 큰 수남시장에는 날마다 한 무리의 사람들이 홀쭉하고 거무죽죽한 얼굴들을 해 가지고 하나의 목적-먹기 위해서 붐비고 있다. 때와 눈꼽쟁이를 달고 꾀죄죄한 몰골을 한 로인들은 "늙어도 더럽게 늙었다. 일찌감치 죽을 게지" 같은 욕설과 능욕을 받으면서도 펑펑이국수, 빵, 떡 판매대 앞에서 구걸하고 있다. 식량 독에서 인심이 난다고 련속되는 식량난 앞에 누가 누구를 돌보겠는가. 형제 자매도 부모도 자식도 서로 모르고 사는 판이니 기막힌 사연을 말하자면 끝이 없다. 조선사람들은 이제 굶주린 승냥이가 되어버렸다. 중국에 있는 동안은 배불리 먹고 있지만 언제 호구조사가 나와 잡혀갈지 모른다는 생각에 하루하루를 긴장 속에 살아 간다. 자식들이 생각나서 발 편한 잠을 잘 수가 없다.

북한사람들의 북한이야기

30대 중반, 남
함경북도 청진시, 노동자, 97년 11월 월경.

나는 청진시 전력소에서 일했는데, 이 큰 전력소가 문을 닫았다. 전기가 완전히 없다시피 되었고, 교통이 차단되고 통신까지 잘 되지 않으니 기막힐 정도로 비참하다. 1996년에는 장마당에서 쌀 1킬로그램에 120원이었는데, 지금은 쌀 1킬로그램에 80원으로 값이 내렸다. 상대적으로 쌀값이 내려갔으므로 식량난이 좀 풀려야 할 텐데, 여전히 식량이 곤란한 상태다. 지도일꾼과 무역일꾼들은 참 잘산다. 왜인지 백성의 집에는 수돗물도, 전깃불도 들어오지 않아 캄캄하지만, 지도자일꾼들 집에는 전깃불이 들어온다. 밤이면 큰 청진시가 온통 캄캄한데 드문드문 전기가 있는 집들이 보인다. 내가 전력소에서 일하고 있지만 우리집에도 전기가 들어오지 않는다. 중국에 오려고 장마당에서 조선돈 380원을 주고 신 한 켤레를 사 신었는데, 3일 만에 구멍이 나서 신을 수 없을 정도가 되었다. 98년 봄이 닥쳐오는 것이 겁이 난다. 출혈열병이 봄에 많이 발생하는데, 출혈열병의 사망률이 너무 높다. 말 그대로 어느 기관이나 출혈하다가 사망한다. 겨울에는 파라티푸스병이 많이 생긴다. 이 병은 '만원병'이라고 부른다. 돈 만 원이 들어야 치료되므로 만원병이라고 한다. 겨울에 감기처럼 앓기 시작하는데 해열제를 쓰게 되면 일시에 열이 내려가서 사망하고 소염제를 쓰면 부작용으로 사망하는 경우가 많다고 한다. '만원병'에 제일 적합한 약은 '레베미산' '뚜버쩐'.이라고 한다. 중국에 이 약이 있다고 한다.

30대 초반, 여
함경남도 함흥시, 노동자, 97년 11월 월경.
남편과 함께 비료공장에서 일하였는데, 공장이 문을 닫았음.
부모와 5살 된 딸을 버리고 부부가 중국에서 살러 건너옴.

지난 겨울에 우리 인민반에는 파라티푸스병이 유행하여 사망자가 많았다. 그리고 우리 구역에서는 남성들을 '멍멍이'라고 한다. 여성보다 악이 없고 살 의욕이 약하여 집 지키는 '멍멍이'라 부른다. 여성들은 이런 멍청이 '멍멍이'를 먹일 수 없으므로 하는 수 없이 아이를 데리고 살 길을 떠나간다. 그래도 집 떠난 여성과 아이는 살 수 있지만 이 '멍멍이'는 얼마 되지 않아 집안에서 굶어 죽는다. 이런 멍멍이가 많다.

함흥비료공장은 매우 크다. 비료공장만 하더라도 종업원이 10만 명이 넘는다. 죽은 사람이 너무나 많다. 얼마나 죽었는지, 수는 잘 모르지만 굶어죽고, 병들어 죽고, 얼어죽고, 자살하는 등 사람이 사는 세상이 아닌 것 같다.

30대 후반, 남
함경북도 길주군, 직장인, 98년 1월 월경.

작년 10월까지만 해도 공급되던 전기가 들어오지 않는다. 원자재가 없는데다가 청진제강소가 생산을 시작한데 그 원인이 있다. 식량난 이후, 쿠바에서 사탕(설탕)을 지원받았다. 이에 지도층이 "어찌 남의 물건을 받아만 먹겠느냐"는 말 한 마디에, 아래 '충신'들이 뜻을 맞추어 강철을 보내주려고 서두른 것이다. 그런데 전력은 부족하니 결국 근로자 주택의 전기를 차단하여 제강소에 전기를 공급하게 된 것이다. 전기가 차단되니 자연 물공급도 정지되었다. 그래도 강이 가까우면 괜찮지만 강이 멀리 있는 사람들은 수십 리 밖에 떨어져 있는 샘에서 물을 길어다 먹어야 한다. 식량난만 해도 살기 힘든 판인데 물공급까지 끊기니 도대체 살 길은 어디에 있는 것인지? 그렇다고 처자를 버릴 수야 없다. 언제나 문을 열고 들어설까 하고 애타게 아버지를 기다리는 어린것들의 얼굴이 눈에 선해 잠을 이룰 수가 없다. 돈이 된다 하여 가지고 온 '골동품'은 전혀 임자가 없으니 안타까운 마음을 달랠 길이 없다.

40대 후반, 여
평안남도 덕천시, 97년 12월 월경.

94년에 콩 5킬로그램으로 두부장사를 시작해 모은 돈으로 옷장사를 하였다. 변경지구인 남양, 라진, 선봉, 웅기, 회령 등을 돌아다니면서 집식구들을 먹여 살리기 위해 옷장사를 했다. 그래도 나라에서 특수정책을 내, 경제무역 거래를 크게 발전시키며 대담하게 개방한 도시인 라진, 선봉 그리고 웅기의 생활은 우리 마을에 비하여 펙 좋았다. 평양에서 무역거래로 오고 가는 무역일꾼들의 말에 의하면 라진, 선봉은 평양시보다 생활조건이 더 좋다고 한다.

　차츰 전체 지역을 이런 형식으로 개방한다면 우리 백성들도 잘 살 수 있는 그 날을 기다릴 수 있겠는데, 언제 가서야 개방정책을 대담하게 실현하려는지, 우리 백성들은 나라의 곤란한 점을 잘 알고 있기에 높은 요구도 하지 않는다. 단지 생활상에서 따뜻한 온돌과 감자장에 조밥이라도 배부르게 먹을 수 있으면 좋겠다. 지금 조선에서는 한 끼 먹기가 매우 어렵다. 이런 생활이 언제까지 계속되려는지 참 아득하다. 차에 오를 때에는 서로 밀고 당기고 한다. 이렇게 생활이 곤란하니 사회질서도 엉망이다.

50대 초반, 여
함경북도 라진시, 98년 10월 월경.
98년 2월 둘째 딸이 사망. 남편과 딸이 하나 있음.

　라진은 개방도시다. 잘사는 사람은 대단히 잘살고 못사는 사람은 대단히 못 산다. 중국은 개방되어 가난하고 지저분한 곳도 잘 살 수 있게 되었는데 우리 조선은 70년대에는 중국보다 더 잘살았는데도 지금 만백성이 굶어죽는 비극이 초래되고 있지 않은가?

　처음 라진이 개방된다고 하였을 때 우리 인민들은 기뻐했다. 이젠 잘살 수 있겠구나 하고. 그러나 개방구역은 철조망을 쳐 놓고 그 통제구역은 38선 못지 않으니, 인민들은 너무나 실망스러워한다. 잘사는 사람은 한달에 몇 천 원 월급을 받지만, 몇십 원 월급을 받아 어찌 그 생활 수준을 따라갈 수 있겠는가? 중국에 와 보니 눈이 모자라 다 못 볼 지경이다. 나의 작은 딸도 중국에 있었으면 좋은 약을 써서 죽지 않고 살 수 있었으련만. 폐병에 급성신염으로 아까운 꽃 나이에 죽었다. 작년에만 중국에 왔으면 딸을 살릴 수 있었으련만.

무슨 힘으로, 무슨 정책이 이 조선을 구할 수 있겠는가? 폐허뿐인 이 조선땅은 죽음 속에서 허덕이고 있다.

30대 후반, 남
함경북도 길주군, 노동자, 98년 1월 월경.

조선은 이제 식량 곤란에만 국한되어 있지 않다. 식량난으로 대부분 광산과 공장이 문을 닫고 교통이 중단되었으며 통신이 정지된 상태다. 백성들의 생활은 지옥과 같은 생활이다. 전기가 전혀 들어오지 않고 물도 공급되지 않으니 아파트에는 아래층에만 사람이 살고 있으며 강에 가서 물을 길어다 먹고 있다.

식량이 없어 굶어죽는 현상은 도처에서 볼 수 있으며, 얼어죽고, 병들어도 치료받지 못하고 죽으며, 전염병이 만연되어도 국가에서는 속수무책이다. 조선은 다시 일어설 가능성이 적다. 공장의 기계를 뜯어 폐철로 팔아 먹었으니 식량이 해결된다 하더라도 무엇으로 생산을 회복하겠는가? 중국은 식량이 풍부하고 물건이 대단히 많으며 인품이 대단히 좋다. 인간 천당 같다.

30대 중반, 남
함경북도, 전기 수리공, 98년 2월 월경.
가정집 전기를 수리하며 살다가 전기 공급이 끊어지면서 수입이 줄어듬.
아내가 장티푸스로 사망한 후 6살 난 아들을 처가에 맡겨놓고
중국으로 건너옴.

하고 싶은 말은 너무나도 많다. 다른 것은 제쳐놓고라도 식량난은 물까지도 마음대로 마시지 못하게 만든다. 전기는 근본 볼 수가 없어 초저녁에 누우면 날이 밝아야 일어난다. 돈 있는 사람들은 물을 사서 마시지만 돈 없는 사람은 십 리도 더 되는 곳에 가 물을 길어 와야만 마실 수 있다. 먹기도 힘든 곳에서 빨래한다는 것은 상상하기 어렵다. 여름에는 그래도 강물에 나가 씻을 수 있지만 강이 어는 겨울에는 별수가 없다. 석탄도 없으니 얼음을 녹일 수도 없다. 사람마다 옷, 손, 발은 보기만 해도 흉칙할 정도다. 비누를 돈을 주고 비싼 가격에 사 쓰자 하면
비누 한 장이면
온 집식구가
하루

먹을 수 있는 쌀을 사니 옷이 더러워도 할 수 없다.

조금만 불평의 말을 하면 며칠씩 구류당하는 것은 예사로운 일이다. 어떤 이는 며칠씩 구류 살고 나오니 식구들이 굶어죽은 일도 있다. 이번에 국경을 넘는데 경비서는 나이 어린 경비대에게 조선돈 10,000원을 주기로 하고 넘어왔다. 어떤 방법이 있더라도 10,000원을 구해야만 돌아갈 수 있다. 군대도 돈이면 일체 문제가 풀리니 이런 군대를 믿고 전쟁을 한다고 하는 것이 너무나 어처구니가 없다. 군대 자신들도 굶고 영양실조가 와 국경을 넘는 사람들을 붙잡기도 힘들다. 하루빨리 통일이 되어야 하지만 무슨 수로 실행할 수 있겠는지? 돈을 좀 벌어 그래도 조국에 가서 자식을 살리고 살고 싶다.

30대 후반, 남
함경북도 명천군, 노동자, 98년 2월 월경.

우리 탄광은 재작년부터 무력부로 넘어갔다 하여 다른 로동자나 백성들보다는 식량은 좀 나은 편이었다. 직접공들에 한해서는 원래 하루에 900그램이었는데 보조량, 절약량을 제한 후 700그램을 주었다(직접공이란 채진, 굴진, 정비 등의 업종을 말함). 간접공은 원래 800그램에 제하고 나면 600그램, 갱외는 하루에 700그램이었는데 제하고 나면 535그램이다. 식량난이 심해지니 자연 우리도 정지, 반정지 상태로 되고, 갓난애는 100그램, 2살 200그램, 3살 300그램, 유치원 300그램, 인민학교는 400그램, 중학교는 500그램 표준이었으나 다 중단되었다. 먹는 것이란 풀에 강냉이가루를 섞어 익힌 것인데 대부분 풀로 되어 헤시시한(쯤쯤한 소금 간을 한 것) 것으로도 배불리 먹지 못한다. 여하간 기막힌 세상이다. 게다가 자칫하면 걸려 비판은 물론 교양, 옥살이를 면하기 어렵다. 정치범이면 아예 전 가정이 하루밤새 오간데 없어진다. 직장, 학교(유치원과 탁아소 제외)에서는 인민반을 단위로 착오자를 앞에 세워놓고는 사상 분석, 투쟁하는 게 보편 현상이다. 우리는 실상 눈 뜬 봉사, 열린 귀머거리, 좋은 말만 할 줄 아는 벙어리, 사료도 배불리 못 먹는 인간들이다. 조선 전체 백성들이 그러하다. 끝이 있을 텐데 그것이 언제일런지? 반세기나 사회주의를 부르짖으면서 고지요, 백일전투요, 항일투사식으로 불사조요, 그러면서 주체의 길을 달려왔으나 이렇게 되었다. 공장, 광산이 폐허가 되고 주검이 산더미를 이루니 죽어도 왜서 죽는지, 왜 굶어죽는지를 똑바로 알아야 할 것이다. 중국에 와서 보니 우리 민족만이 우리의 고통을 제일 잘 리해해 주고 가슴 아프게 생각하고 있다는 걸 심심히 느끼게 됐다.

30대 초반, 여
함경북도 명천군, 노동자, 98년 2월 월경.

전란보다 더 비참하고 견디기 어려운 식량난은 조선 유사 이래 처음이다. 배급이 끊기자 첫 해는 기대 속에 두루 살아왔으나 식량난이 지속되니 저항력이 약한 늙은이와 아이들이 먼저 죽기 시작해 주검이 무리를 이룬다. 여러 가지 원인으로 꽃제비가 된 무리는 조선의 방방곡곡에 있다. 큰 도시에서는 외국 래빈들이 올 때면 보위부에서 위신이 깎인다고 꽃제비들을 몰아낸다. 도적이 횡행하고 강도 무리들도 있다. 우리말로 도적을 '생활조절위원회'라고 한다. 명천에 군당 비서 ×××가 있다. 그는 상급에 량식, 수확고, 공업품 생산액을 실제보다 높여 보고를 한다. 그래서 그 집 담장 벽에 '××× 타도'란 구호까지 쓴 일이 있었다. 백성들은 굶어죽어도 간부들은 명예와 위신과 성취를 위해서 위선과 아첨을 아끼지 않는다. 조선의 전반이 다 이런 간신들로 하여 망쳐진다.

40대 초반, 남
평안남도 평성시, 노동자, 98년 1월 월경.

두 가지 식량 중 생존의 식량은 말라버리고 정신식량은 과복으로 소화불량이다. 먹지 못해 죽어가도 신년사 관철, 공동사설 관철, 암기, 필기, 친필 말씀 집중학습, 정규학습, 강연회, 도록 해설, 교시 침투, 말씀 침투, 로작학습, 회상기를 련달아 곱씹어 들이대니 송장 앞에 중이 렴불하는 꼴이다. 먹지 못해 기진맥진한 로동자들은 졸고 있다. 우리 조선에는 집집마다 송시를 걸어 놓고 있다.

'백두산 마루에 정일봉 솟아 있고
소백수 푸른 물은 굽이쳐 흐르누나.
정일봉 탄생하여 어느덧 쉰 돐인가.
문무충효 겸비하니 모두 다 우러르네.

만민이 칭송하는 그 마음 한결같아
우렁찬 환호 소리 하늘 땅 뒤흔든다.'

이 시는 김정일 쉰 돐에 김일성이 그에게 준 송시이다. 사회주의를 부르짖는 우리에게 이런 봉건적인 물건을 사회에 공개한다는 건 수치가 아닌가 생각한다.

30대 중반, 남
함경북도 김책시, 노동자, 98년 5월 월경.
98년 양친이 모두 사망. 아내와 6살 난 딸이 병으로 앓고 있음.

김책시에는 외국사람이 와서 량식을 준다는 소문만 나면 호각을 따릉따릉 불면서 장마당도 가끔 봉쇄하고 거리도 다니지 못하게 한다.

김책시에서는 작년에 전염병이 여러 가지로 돌아서 늙은 로인들과 어린아이들은 많이 세상을 떠났다. 금년 봄에는 중감기가 돌아 적지 않게 폐병, 기침병으로 넘어가서 '쿵쿵' 기침을 하고 다니는 사람을 흔히 볼 수가 있으나 약과 돈이 없어서 치료받지 못하고 있다. 어린애들은 과거 백일기침처럼 깊고 오랫동안 한다.

현 시점에 와서는 중국물품을 반대하는 운동이 전개되고 있으며, 중고옷은 해관에서 접수하지 않는 규정이 생겼다고 한다. 내가 도강할 때는 이런 규정이 없어서 옷을 많이 준비해 두었는데 가지고 갈 형편이 못 된다. 옷은 량식이다. 옷 한 벌이면 통옥수수 1킬로그램과 바꾸어 량식을 해결하므로 옷은 생명을 유지하는 가장 좋은 물품인데 이것도 제한을 하니 기가 막힐 일입니다.

40대 초반, 여
강원도 통천군, 선반공, 98년 6월 월경.

　현재 조선에서는 중국 물품이 들어와서 전염병이 발생한다고 하면서, 중국 물품이 조선에 들어오는 것을 금지시켰다. 그러나 백성들은 알고 있다. 조선에 봄마다 전염병이 돌기 시작한 것은 금년이 아니라 몇 해 전부터다. 시아버지와 시어머니도 1995년 봄에 전염병으로 사망했고 본가집 어머니와 아버지, 오빠도 1994년 봄에 사망했다. 1997년 겨울에 굶어죽은 사람이 많았기에 봄이 되어 죽은 사람의 균이 파산되면서 발생되는 병이지 중국 물품 때문이 아니다. 우리는 마음속으로 알고 있으나 표면에 티를 내지 않고 침묵으로 대한다. 조금이라도 표현하면 구속시키고 몰매를 맞으므로 겁나서 쓸데없는 희생을 하지 않으려는 것이다.
　중국의 개산툰에는 꽃제비 아이들이 20명이나 밥을 먹고 돌아가곤 했다. 그 가운데는 11살 누나가 5살 남동생을 데리고 온 것도 있다. 중국에서도 정책이 심해서 밤에 재우면 5,000원의 벌금을 매긴다고 한다. 그래서 밤에 산에서 자곤 아침 일찍 마을에 내려와 밥을 먹고는, 밥을 얻어 가지고 조선으로 넘어간다고 한다.

50대 후반, 남
자강도 초산군, 노동자, 98년 7월 월경.

친동생이 평양에 있다. 평양 배급 정황이 좀 낫다 하여 량식을 얻으려고 갔었다. 배급이 끊긴 시기가 우리보다 늦었을 뿐이지, 량식난은 우리와 똑같이 겪고 있었다. 수도 평양도 정전이 잘 되었다. 들리는 말에 의하면 전기가 정전되는 주요 원인은 평양시에 발동기 13개가 있는데 지금은 10대가 고장이 나서 계속 수리하여 쓰다 보니 그렇다고 한다. 수도 평양도 이렇게 간고히 보내고 있다.

나는 동생 집에서 쌀 한 톨도 얻지 못하고 도리어 가슴 아픈 이야기만 들었다. 평양에서는 산나물을 뜯으러 다니지 못하니 맹물에 드리(비지의 일종)를 섞어서 소금을 넣고 끼니를 이었다. 조국의 심장에 있는 평양 시민들도 이처럼 힘들게 살아가니 다른 도시에서는 더 말할 수 없는 고생하고 있을 것이라고 생각하며, 빈 주먹으로 집으로 돌아왔다.

중국에 와서 보니

50대 초반, 여
강원도 통천군, 97년 11월 월경.
96년과 97년, 2년 사이에 일곱 식구 중 네 식구가 사망하고
두 자녀만 남았음.

살 길을 찾아 중국에 와 보니 정말 딴 세상 같다. 조선에 있을 때엔 자연재해로 조선사람들이 못 산다고 생각하였는데, 강을 사이 둔 중국땅 연변 농촌은 올해에도 풍작을 거두고 공량을 다 바치고도 량식을 팔아서 돈 근심, 먹을 근심, 옷 근심 없이 잘살고 있는데, 이게 무슨 영문인지! 내가 살고 있는 고장에서는 매일 누구 집 사람이 굶어죽었고, 누구 집에서는 자기 집을 쌀 20킬로그램을 받고 팔아서 식구들이 나누어 가지고 어디론지 제각기 흩어져 갔다는 소문들뿐이니……. 앞으로 어떻게 살아갈지 막연하기만 하다. 근 2년 남짓한 기간에 월급도 배급도 없이 살자니 한 입으로 다 말 못할 고생을 하며 겨우 목숨만 연명해 왔다.

나는 죽을 각오로 11월에 집을 떠나 빌어먹으면서 걸어서 함흥까지 왔는데, 신발은 해지고 옷은 람루하기 그지 없었다. 아이들을 생각하며 걷고 걸어서 김책시, 청진, 그 다음 회령까지 왔다. 지금 오래비 집에서 천당 같은 생활을 한다. 매일 입밥에 고기채 생각을 하면 꿈만 같다. 우리집 아이들은 언제나 이런 고급생활을 해 보겠는가? 집에 돌아가도 살 길이 막막하다. 계속 나뭇잎을 먹고 사는

것도 여간 힘든 일이 아니다. 우리 민족의 창성을 위해 구원의 손길을 바란다. 나는 살아서 우리 남북 조선이 통일되고, 나라가 부유하고 창성하며 인민들이 잘살 수 있는 부강한 나라가 되는 것을 보고 죽고 싶다.

30대 후반, 여
황해남도 벽성군, 노동자, 98년 1월 월경.
시어머니와 남편, 딸을 잃은 후 하나 남은 10살 된 아들을 위해
겨우겨우 살다가 97년 아들마저 굶어죽음.
죽으려고 헤매고 다니다가 중국으로 건너옴.

지금 와서 생각하면 왜 하루라도 일찍 이 길을 택하지 않았는지 원망스럽다. 아직도 먹을 것만 찾아 헤매는 조국땅에 있는 우리 동포가 불쌍하다. 이곳에 와 보니 먹을 것, 입을 것, 없는 것 없이 잘 살고 있으며 욕심나지 않는 거라곤 없다. 조선에서는 보지도 듣지도 못한 물건과 이야기들이 얼마나 많은지, 장장 50여 년간 사회주의 건설과 혁명을 해 온 우리가 왜 이처럼 고생해야 하는지, 누구의 탓이라 할지, 공산주의 최종 목적은 잘 먹고 잘사는 게 분명하련만, 자본주의로 바뀐 중국이 이렇게 잘살 수 있다는 건 꿈에도 생각 못했다.

남조선의 생활은 우리가 조선에서 들은 것과는 완전히 반대되는, 지상천국이라는 것을 이제야 들었다. 빨리 통일이 되어 세계 강국으로 떳떳이 나서면 그것이 우리 민족의 자랑이 아니겠는가?

50대 초반, 남
함경북도 경성군, 농민, 98년 2월 월경.
온가족이 장티푸스에 걸렸으나 약 한 첩 쓰지 못하다가
딸이 97년 사망하고 아내와 아들이 앓아 누워 있음.

　　김일성 장군님 생전에는 그래도 비료공급도 제대로 되었고 해마다 풍작이었다. 그런데 련속되는 자연재해로 식량 곤란을 겪으면서 일체가 없다. 농약이 없고 비료가 없으며 심지어는 종자마저 없어지고 있다. 량식난을 겪으면서부터 한번도 배불리 먹어 보지 못했다. 중국에 와 보니 농촌에서 도거리 제도를 실시하여 쌀독에는 쌀이 그득하고 입밥도 먹기 싫어 개, 돼지를 주니 얼마나 불공평한가? 조선에 있을 때는 중국에서는 자본주의 길을 걷고 있다면서 만 백성이 아주 힘들게 보낸다고 하였고 거지가 많아 못 사는 곳이라고 하였다. 조선에 있을 때는

조선이 제일이라고 생각하였는데 중국에 와 보니 들은 것과는 딴 세상이다.

　우리 조선에서도 도거리로 농사를 짓고 능력을 발휘한다면 우리도 잘살 수 있다. 현재 농민들이 힘에 부쳐 땅 농사를 다하지 못하고 전국의 지원도 노력자들에게 먹일 식량이 없어서 받기 힘든 정황이다. 때문에 밭을 묵이지 않고 농사를 지을 수 있게 공장 기업소에 부업 기지 형식으로 떼 주고 그 땅에서 난 곡식들은 얼마간 국가에 바치고 나머지를 먹으라고 해도 농사를 잘 지을 수 있고 사람도 적게 죽을 것이라고 생각한다. 령도자가 하루빨리 각성하여 해결책을 내야 된다고 보는데 언제면 각성하겠는지?

하고 싶은 말이 너무도 많습니다

50대 초반, 남
함경남도 정평군, 노동자, 97년 12월 월경.
폐결핵에 걸린 아내와 말 못하는 아들이 있음.

 모든 것이 다 밀폐되어 있다 해도 생각이야 왜 없겠는가. 조선에서는 벙어리가 제일 안전한 듯하다. 조선은 무너져야 한다. 그리고 문을 열고 서로 다니고 해야 식량난도 풀린다. 속담에 '나다니는 멍청이가 집안의 똑똑이 보다 낫다'고 가둬놓고 마음대로 말도 못하게 하는데, 백성들이 어떻게 살겠는가? 가을 옥수수철이 되자 국가에서는 통령을 내려 마음대로 뜯으면 초소에서 쏴 눕힌다고 으르렁대는 통에 감히 누가 굶어죽으면서도 강냉이밭에 접근이나 하겠는가. 집체의 밭을 가꾸라고 소리쳐도 먹지 못하고 어떻게 일을 할 수 있겠는가? 약도 없으니 병만 들면 죽는다. 지상락원이라는 게 천하지옥만 못하다.

40대 후반, 남
강원도 원산시, 공인, 97년 12월 월경.
식량을 사러 갔던 아내가 기차 안에서 굶어죽음.
중국에서 자리를 잡은 후 조선에 있는 두 딸을 데려오려고 함.

    조선은 세상에 부럼 없고 세금 없는 나라, 의무교육의 나라, 자랑거리가 너무나도 많았다.
    그러나 지금은 병원에 약이 없고, 학교에는 교복도 나눠주지 않고 있으며, 절반이 넘는 학생이 학교에 나오지 못하고 있다. 배가 고프니 사람이 사람을 잡아먹고 훔쳐먹으니 차마 눈 뜨고는 볼 수 없는 형편이다. 기계는 다 풀어 폐허가 되었으니 복구하자 해도 전쟁시기보다 더 힘들 것이다. 기업소들도 모두 문을 닫고 백성들은 살 길을 찾아 가정을 버리고 부모를 버리고 자식을 버리고 사지사방에서 방황하고 있다. 한번 쓰러지면 다시 일어나지 못하고 죽는데 죽어도 무덤에 제대로 묻히지도 못하고 한 구덩이에 숱한 죽음을 파묻는다.
    그래도 나라에서는 이에 대한 대책이 없다. 그러면서 없어지면 나라를 배반하고 중국으로 갔다고 있는 사람을 못 살게 군다. 할 수 없이 수많은 사람은 살 길을 찾아 이국 땅으로 건너오고 있다. 어쨌든 살아야 한다. 조선 민족은 살아야 한다.

40대 중반, 남
함경북도 온성군, 노동자, 98년 1월 월경.
장모와 딸이 사망. 폐병에 걸린 아내와 영양실조에 걸린 딸이 있음.
97년 겨울에 강을 건너다 잡혀 20여 일 동안 갇혀 있다가 풀려났음.
앉아서 죽는 것보다 낫다고 생각하여 다시 건너옴.

조선 해방전쟁의 화약냄새를 맡으면서 커온 나는 조선의 혁명과 건설에서 겪은 인민들의 피 어린 투쟁과 희생정신을 모를 리 없다. 나도 로동당원이다. 그러나 우리 당은 건당 초기의 그런 당이 아니라 지금은 부패한 당으로 변해가고 있다. 우리는 수십 년 동안 할 말도 못하고 들을 말도 못 듣고 보고 싶은 것도 못 보았다. 내가 지금 하고 있는 이야기가 일단 조선에 도경을 통해 알려진다면 나뿐만 아니라 온가족, 친척들까지 연루되어 처리당하게 된다. 조선 사람들이 사고력이 없어 그런 것도 아니다. 무서워서 말을 못했을 뿐이다. 저마다 같은 생각을 하면서 때론 주고받는데 아이들이 곁에서 듣고 밀고할 때도 있다. 듣건대 조교들이 이런 수작으로 암암리에 처형한 사람들이 적지 않다고 들었다.

나는 병에 걸려 고통받는 안해(아내)와 먹을 걸 기다리고 있는 딸이 가엾어 꼭 돌아가야 하는 사람이다. 묻지 말았으면 한다. 나의 안전을 위해서 지켜주실 것을 천만 부탁한다.

40대 초반, 남
함경남도 단천군, 98년 1월 월경.
어머니는 파라티푸스, 6살 난 아들은 영양실조에 걸려 사망. 아내와 두 자녀가 있음.

　조선에서 중국은 잘 산다는 말을 많이 들었다. 중국에 와 보니 중국은 정말 식량이 풍족하고 각종 물품이 아주 많으며 조선에서 들은 것보다 더 풍부하며 인간천당 같다. 말 그대로 사회주의 같은 조선에서 굶어죽고, 얼어죽고, 병들어 죽은 사람은 중국과 같은 인간 천당도 보지 못하고 죽었으니 얼마나 불쌍한가?
　조선사람들은 죽더라도 한 번 배불리 먹고, 입고 싶은 것을 입다가 죽었으면 원이 없겠다고 한다. 굶어죽는 것은 참말 어려운 일이다. 조선사람은 '빨리 전쟁이 일어나라! 총에 맞아 죽는 것은 아주 통쾌하다. 총에 맞아 죽으면 죽기가 어렵지 않다'고 말하고 있다. 살자면 중국으로 가야 한다는 사람은 있으나 떠나지 못하고 있다. 살 길을 찾아 조국을 떠나는 것은 배반이 아니다. 어느 누가 대대로 살아온 조국을 떠나고 싶어하겠는가? 살기 위해 할 수 없이 이 국경을 넘어오는 것이다.

40대 후반, 남
평안북도, 교원, 97년 12월 월경.
96년 아버지가 사망. 어머니와 아내, 세 자녀가 있음.

　20여 년간 교편을 잡고 후대 양성사업에 종사하여 왔다. 지금 우리나라는 극히 심한 식량 곤란에 부딪쳐 있다. 심지어 학교 문까지 닫게 되어 나도 교편을 놓고 량식을 얻으려고 갖은 노력을 해 왔으나 어디나 다 같은 형편이기에 빌어먹을 곳도 없다. 부득불 도강하여 중국에 있는 친척집에 찾아왔다. 내가 처음으로 조선을 떠나 중국에 와 보니 60년대만 해도 중국 경제수준은 조선보다 못했는데, 지금 중국은 비약적으로 경제가 발전했다. 조선은 기아에서 허덕이고 있는 형편이니 어찌된 영문인지 모르겠다.

한 개 나라, 한 개 민족이 수십 년간 남북으로 갈라져 서로 적대시하며 전쟁준비에 모든 역량을 기울이고 있으니 인민들의 생활수준이 제고될 리 만무한 일이라고 생각한다. 하루속히 남북조선이 평화통일이 되어야 나라가 강성해지고 백성들이 안심하고 잘 살 수 있으리라 믿는다.

30대 중반, 남
함경북도 김책시, 공인, 98년 1월 월경.
97년 4달 동안에 부모와 6살 난 아들과 4살 난 딸이 파라티푸스에 걸려 모두 사망. 심장병에 걸린 아내가 있음.

량식난으로 량친 부모를 다 여의고 나이 어린 두 자식마저 앓아 죽고 말았고 처마저 심장병과 허약증으로 자리에서 일어나지 못하니 생각되는 것이 많아진다. 일찍이 장사를 알고 돈 벌기를 한 사람들은 그런대로 살 수 있지만 나같이 장사할 줄 모르고 고지식한 사람은 모두 죽고 있다. 나라 정책이 바뀌어 하루빨리 사람들에게 안착된 생활을 할 수 있게끔 되어야 하고 빈부 차이가 없어져야 한다.

김일성장군 시대는 그래도 이 정도는 아니었지만 김정일시대에 와서 사람이 무리 죽음을 당해도 그 누구도 관계치 않는다. 사람 목숨이 개 값도 되지 않으니 너무나 억울하다. 우리 가정은 네 사람의 죽음을 당하고 말았다. 순수한 노동자가 잘살면 어떻게 잘 살겠는가? 관리배들은 모두가 기름기 도는 생활을 하고 있고 간부 가정에는 근본 죽음이 없다. 조선은 바로 관리배들 때문에 발전하지 못하고 있다.

30대 초반, 남
함경남도 단천시, 노동자, 98년 8월 월경.

우리 조선은 하루빨리 통일되어야 한다. 인민들이 량식난에서 벗어날 수 있는 길은 그 길뿐이다. 이국 땅으로 몰래 도망해 오는 것은 옳지 못한 일이지만, 우리도 하는 수 없이 이렇게 도망해 오는 것이다. 조선에서 그냥 그대로 있다가는 온 집식구가 굶어죽겠으니 어찌 가만히 앉아 있을 수 있겠는가. 그래서 량식이라도 좀 구하려고 죽음을 각오하고 건너오는 것이다.

지금 중국에서는 개혁개방 정책을 실시하여 마음대로 다니고, 텔레비와 라디오도 마음대로 듣고, 또 자기 견해를 마음대로 말할 수 있다. 우리 조선은 문을 꼭 닫아놓고 텔레비도 마음대로 시청할 수 없고 더욱이 아무 말이나 마음대로 할 수도 없다. 지도일꾼들의 말을 털끝만치라도 하는 날이면 감옥살이를 할 뿐만 아니라 목을 자른다. 중국에 건너와서도 한국사람을 만난 것을 아는 날이면 한국사람과 내통했다고 총살한다. 그러니 어떻게 잘살 수 있으며 량식난을 해결할 수 있는가?

　우리는 지도일꾼들이 하루빨리 대책을 내어 남북을 빨리 통일시키고 백성들을 잘살게 하였으면 하는 마음이다.

북한 식량난의 실태

1. 조사의 개관

1.1. 취 지

지금 북한에서는 기근으로 많은 사람들이 굶어 죽어가고 있다. 특히 노인과 어린이 등 취약계층의 상태는 심각하며, 기초의약품이 없어 쉽게 고칠 수 있는 가벼운 질병으로도 많은 사람들이 죽어가고 있다. 그러나 현장취재가 불가능한 북한의 여건 때문에 참혹한 실상은 벌써 몇 년이 지나도 거의 파악되지 않고 있다. 그래서 우리는 실상을 정확하게 알아내기 위하여 우선 가능한 방법부터 찾아 조사를 하였으며, 그것은 조·중 국경지대에 식량을 구하러 넘어온 북한주민들을 대상으로 증언을 청취하는 것이었다. 우리는 조사가 가능한 항목을 중심으로 인터뷰용지를 작성하고 인터뷰방법을 조사자에게 충분히 주지시켜 최선을 다해 조사작업을 진행하였다.

1997년 9월 30일 이후 1998년 10월 29일까지 13개월 동안 조사자 9명과 보조자 23명에 의해 진행된 인터뷰의 유일한 목적은 북한주민들이 식량난으로 겪고 있는 고통과 피해상황을 정확히 알아내는 것이었다. 인터뷰자료가 늘어남에 따라 우리는 식량난의 피해상황이 배급중단 지역의 확산과 기근의 연례화로 대량아사로까지 차츰 악화되고 있음을 알게 되었다. 더욱이 우리는 북한주민들이 꽃제비라 불리우는 실향유민에서 국경지대를 배회하는 국제 식량난민으로 변하게 되면서 인권의 사각지대에서 심각한 인권유린과 생명의 위협을 받는 정치난민으로 변하고 있음을 발견하게 되었다.

이 보고서가 북한동포들의 고통과 피해를 줄여나가는 일에 유용하게 활용되기를 간절히 바란다. 또한 앞으로 유엔 산하 국제기구에서 다양한 방법으로 식량난으로 인한 북한주민들의 피해를 시급하게 확인하고, 북한 당국에게도 식량난의 실상을 하루빨리 공개해주기를 요청한다.

1.2. 조사진행 경과

북한난민들은 처음에는 먹고 살기 위한 경제난민이었지만, 탈출과정에서 철저하게 추적당하고 생명의 위협을 받는 등 기본적인 인권침해를 받는 정치난민으로 서서히 변해가고 있다. 항상 두려움에 떨며 도망다니는 북한난민들을 찾아 자세한 인터뷰를 한다는 것은 현실적으로 너무나 어려운 일이었다. 그들은 우리를 만나면서도 항상 주위를 살피며 '누가 들이닥치지나 않을까' 해서 겁 먹고 있었으며, 제대로 인터뷰가 될 만하면 좀더 안전한 장소로 피신할 궁리를 하였다. 그들뿐 아니라 우리 조사자들도 거듭되는 보이지 않는 신변위협에 시달려야 했다. 조사장소는 수시로 옮겨졌으며 때에 따라 며칠씩 조사가 중단되기도 했다.

이처럼 조사는 조사대상자나 조사자 모두 신변의 위협을 받는 긴박한 상황과 긴장 속에서 이루어졌다. 그래서 우리들의 인터뷰는 보통 한 사람의 난민에게 짧게는 하루 이틀, 길게는 사나흘이 소요되는 지난하고도 긴장과 불안이 교차되는 극적인 순간의 연속이었다. 그러므로 우리 조사자들이 국제사회의 일반적인 조사방법을 적용하기는 어려웠다. 조사자들과 북한난민들의 만남은 예정된 약속이 아니었으며, 특히 북한난민들이 '조사자들도 자신을 쫓는 자들이 아닌가' 하고 불안에 떨고 있는데 관례적인 인터뷰를 편안하게 진행한다는 것은 기대할 수 없었다. 그래서 우리 조사자들은 난민들이 허기를 면하고 잠시나마 몸을 쉬는 순간에 대화의 흐름에 따라 전개되는 이야기에 맞춰 조사항목을 설정할 수밖에 없었다. 그나마 잠시 대화를 나누고 보이지 않는 곳에서 기록을 해야 하는 어려움으로 조사시간은 무한정 길어지고 제한된 시간에 최소한의 인원을 인터뷰할 수밖에 없었다.

조사를 진행하면서 북한주민들의 고통에 너무나 가슴이 아파 하루도 눈물을 흘리지 않은 날이 없었다. 그들이 겪는 고통은 너무나 가혹했다. 인간으로서 최악의 조건에서 부모의 임종을 지켜보고 자식을 잃으면서 인간이 겪을 수 있는 모든 고통을 단기간에 체험한 그들에게, 지옥과도 같은 고통의 순간을 다시 떠올리게 하는 것은 그들의 가슴에 묻은 부모형제와 아이들을 또다시 죽이는 일과도 같았다. 그렇지만 우리 조사자들은 참혹한 식량난의 피해진상을 널리 알리고 살아남은 사람들이라도 지키기 위해, 그리하여 그들을 다시 죽음의 고통에 방치하지 않기 위해 눈물을 머금고 자세한 인터뷰를 진행하게 되었다. 지난 13개월간 우리는 북한난민 1,855명과 인터뷰를 하였다. 그러나 실제로 조사원들이 만난 북한난민은 그 이상이었으며, 가족들이 함께 조사될 경우 1가구당 1명으로 조사를 제한하였다.

어려운 상황에서 조사를 진행한 우리 조사자들과 이에 응해 주신 북한주민들의 용기와 협력에 고개 숙여 깊은 감사를 드린다. 부디 생명을 걸고 만들어진 이 자료가 한국정부, 국내 민간단체, 유엔 관계자, 인도주의를 위해 일하는 국제 NGOs 및 모든 국가의 대북지원에 긴요한 참고자료로 활용되어 신속한 대규모 식량지원과 의약품지원으로, 기아와 질병으로 죽어가는 수백만 북한주민들이 살아날 수 있기를 간절히 바란다.

1.3. 조사의 한계

일반적으로 사용되는 조사기법과 비교해 볼 때 이 보고서가 근거한 조사는 몇 가지 한계를 지니고 있다.

첫째, 표본추출에 있어서 무작위의 원칙을 지키는 것이 불가능한 상황이었다. 북한난민 중 접촉 가능한 주민들에 한정된 조사가 진행되었고, 이는 표본의 모집단 접근성에 일정한 한계를 보여준다.

둘째, 이에 따라 북한주민 전체 모집단에 비해 통계 처리된 표본의 지역적 편중, 직업적 편중, 연령별 편중이 불가피하였다.

2. 조사설계

2.1. 조사목적

1995년 8월 이후 3년 2개월 동안 북한 식량난으로 발생한 사망률 및 기타 생존조건을 조사하여 식량난과 북한주민의 생활실태를 파악한다.

2.2. 조사방법

북한난민이 피신해 있는 곳을 찾아가서 개별적으로 인터뷰하거나 안전한 장소로 초청하여 함께 지내면서 인터뷰한다.

2.3. 조사원칙

북한난민들을 돕기 위해서 일하는 사람이라는 것을 알리고 가능하면 친구가 되어 그들 스스로 사실적인 이야기를 하게 한다.

2.4. 조사장소

조·중 국경지역인 압록강, 두만강변의 중국 길림성 장백, 연변지역

2.5. 조사일시 : 1997년 9월 30일-1998년 10월 29일
       (13개월간)

   ① 1차 조사 : 1997년 9월 30일 - 1997년 11월 30일
   ② 2차 조사 : 1997년 12월 1일 - 1998년 1월 31일
   ③ 3차 조사 : 1998년 2월 1일 - 1998년 3월 3일
   ④ 4차 조사 : 1998년 3월 4일 - 1998년 3월 26일
   ⑤ 5차 조사 : 1998년 3월 27일 - 1998년 5월 19일
   ⑥ 6차 조사 : 1998년 5월 20일 - 1998년 9월 15일
   ⑦ 7차 조사 : 1998년 9월 16일 - 1998년 10월 29일

2.6. 조사대상

북한에서 월경하여 중국으로 넘어와 있는 북한난민

2.7. 조사대상 인원 : 1,855명

   ① 1차 : 204명   ② 2차 : 268명
   ③ 3차 : 133명   ④ 4차 : 165명
   ⑤ 5차 : 249명   ⑥ 6차 : 675명
   ⑥ 7차 : 161명

2.8. 조사내용

   ① 인터뷰 대상자의 성별, 연령별, 지역별, 직업별 분류
   ② 인터뷰 대상자 가족의 성별, 연령별, 지역별, 직업별 분류
   ③ 가족사망자의 성별, 연령별, 지역별, 직업별 분류

④ 가족사망자의 월별 분포 및 사망원인 분류
⑤ 생존자의 건강상태
⑥ 배급중단 년도와 월경년도
⑦ 북한내 생활조건 및 경제난의 원인에 대한 북한 주민의 인식

2.9. 조사자

① 조사자 9명
② 보조자 23명

2.10. 조사기관

사단법인 좋은벗들 (구 우리민족서로돕기 불교운동본부)

3. 북한난민 조사대상자의 인구통계적 특성

3.1. 인터뷰 대상자의 인구통계적 특성

3.1.1. 성별 분포

성 별	인원수	백분율
남	952	51.3%
여	903	48.7%
합 계	1,855	100.0%

3.1.2. 연령별 분포

연 령	인원수	백분율
10 대	35	1.9%
20 대	292	15.7%
30 대	622	33.5%
40 대	532	28.7%
50 대	285	15.4%
60 대	85	4.6%
70대 이상	4	0.2%
합 계	1,855	100.0%

3.1.3. 직업별 분포

직 업	인원수	백분율
생산직 노동자	1,017	54.8%
사무직 노동자	254	13.7%
전문직 노동자	11	0.6%
농 민	91	4.9%
학 생	16	0.9%
군 인	3	0.2%
가 사	47	2.5%
기 타	37	2.0%
무 직 업	275	14.8%
무 응 답	104	5.6%
합 계	1,855	100.0%

3.1.4. 거주지별 분포

거 주 지 역	인원수	백분율
함 경 북 도	1,100	59.3%
함 경 남 도	362	19.5%
자 강 도	34	1.8%
량 강 도	60	3.2%
평 안 북 도	38	2.0%
평 안 남 도	56	3.0%
평 양 시	11	0.6%
남 포 시	15	0.8%
황 해 북 도	21	1.1%
황 해 남 도	68	3.7%
강 원 도	90	4.9%
합 계	1,855	100.0%

* 거주지역이 함경북도와 함경남도로 편중되어 있는 것은 국경지역의 지형적 조건, 중국내 조선족의 거주지역 분포, 북한내 교통로 등으로 월경이 용이한 지역이 제한되어 있기 때문이다.
* 인터뷰 대상자들의 거주지역 분포에서 북한의 행정구역 중 개성직할시는 표본이 없었다.

3.2. 인터뷰 대상자 가족의 인구통계적 특성

3.2.1. 성별 분포

성 별	인원수	백분율
남	4,895	48.3%
여	5,095	50.3%
무 응 답	137	1.4%
합 계	10,127	100.0%

3.2.2. 연령별 분포

연 령	인원수	백분율
9세 이하	1,092	10.8%
10 대	1,988	19.6%
20 대	1,410	13.9%
30 대	1,498	14.8%
40 대	1,146	11.3%
50 대	1,004	9.9%
60 대	1,361	13.4%
70대 이상	432	4.3%
무 응 답	196	1.9%
합 계	10,127	100.0%

3.2.3. 직업별 분포

직 업	인원수	백분율
생산직 노동자	2,675	26.4%
사무직 노동자	691	6.8%
전문직 노동자	44	0.4%
농 민	301	3.0%
학 생	2,114	20.9%
군 인	249	2.5%
가 사	301	3.0%
기 타	127	1.3%
무 직 업	1,977	19.5%
무 응 답	1,648	16.3%
합 계	10,127	100.0%

3.2.4. 거주지별 분포

거 주 지 역	인원수	백분율
함 경 북 도	5,911	58.4%
함 경 남 도	1,955	19.3%
자 강 도	176	1.7%
량 강 도	349	3.4%
평 안 북 도	188	1.9%
평 안 남 도	289	2.9%
평 양 시	65	0.6%
개 성 시	2	0.0%
남 포 시	80	0.8%
황 해 북 도	93	0.9%
황 해 남 도	453	4.5%
강 원 도	565	5.6%
합 계	10,126	100.0%

* 무응답자는 1명임

4. 조사결과

4.1. 조사대상자 가족구성원 중 사망자 관련 조사결과

4.1.1. 사망률

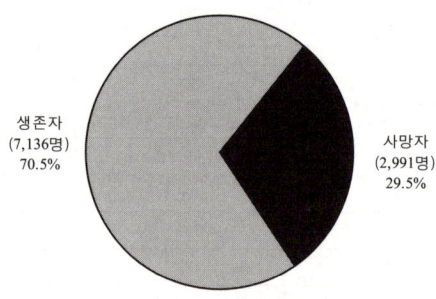

* 사망률이란 총 가족구성원수에 대한 지난 3년 2개월간의 사망자수의 비율임
* 사망자수란 1995년 8월 말 - 1998년 9월 초까지 가족내 사망자수임
* 연도별 사망률은 <4.1.8. 연도별 출생률과 사망률>을 참조

4.1.2. 성별 사망률

성 별	인원수	사망자수	사망률
남	4,895	1,448	29.6%
여	5,095	1,513	29.7%
무 응 답	137	30	21.9%
합 계	10,127	2,991	29.5%

4.1.3. 연령별 사망률

연 령	인원수	사망자수	사망률
9세 이하	1,092	442	40.5%
10 대	1,988	328	16.5%
20 대	1,410	111	7.9%
30 대	1,498	103	6.9%
40 대	1,146	133	11.6%
50 대	1,004	369	36.8%
60 대	1,361	1,052	77.3%
70대 이상	432	392	90.7%
무 응 답	196	61	31.1%
합 계	10,127	2,991	29.5%

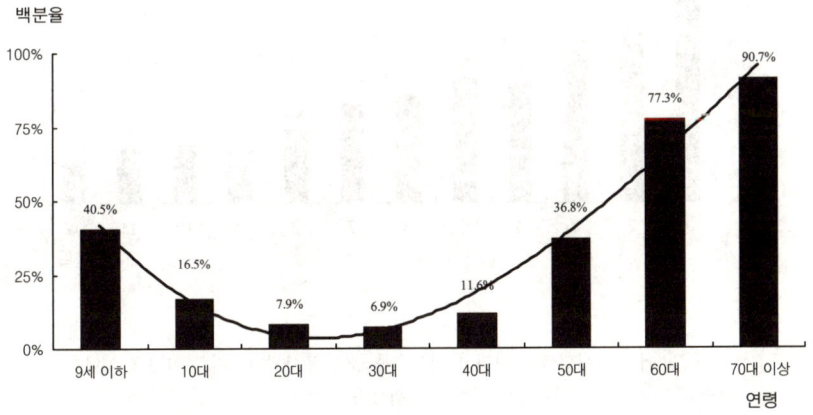

연령별 사망률

* 30대를 기점으로 연령이 높을수록, 그리고 연령이 낮아질수록 사망률이 높아지는 것으로 조사되었다.
* 9세 이하 어린이(40.5%)와 60대 이상 노년층(80.0%)의 사망률이 현저히 높은 것은, 식량난으로 인한 피해가 이들 취약계층에서 집중적으로 발생하고 있음을 의미한다.

4.1.4. 유아 및 어린이 사망률

유아연령 분류	인원수	사망자수	사망률
0 - 6 세	613	314	51.2%
7 - 12 세	1,129	248	22.0%
합 계	1,742	562	32.3%

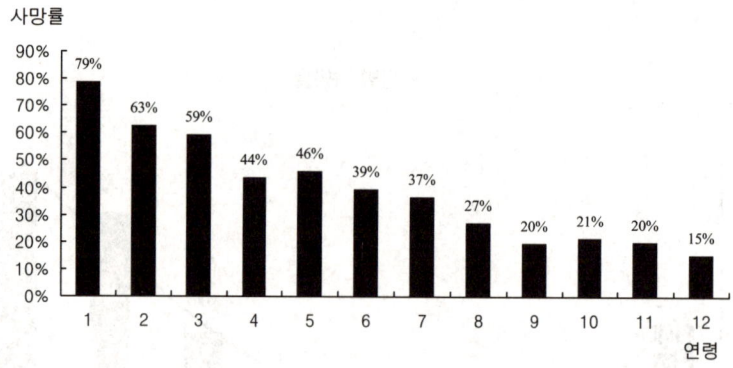

* 유아 및 어린이 사망률은 나이가 적을수록 높게 조사되었으며 특히 3세 이하의 사망률이 60%를 넘은 사실에 주목할 필요가 있다.

4.1.5. 지역별 사망률

거 주 지 역	인원수	사망자수	사망률
함 경 북 도	5,911	1,672	28.3%
함 경 남 도	1,955	635	32.5%
자 강 도	176	59	33.5%
량 강 도	349	104	29.8%
평 안 북 도	188	54	28.7%
평 안 남 도	289	88	30.4%
평 양 시	65	11	16.9%
개 성 시	2	0	0.0%
남 포 시	80	24	30.0%
황 해 북 도	93	27	29.0%
황 해 남 도	453	143	31.6%
강 원 도	565	174	30.8%
합 계	10,126	2,991	29.5%

* 표본의 수치가 높은 함경북도와 함경남도의 사망률을 비교해 볼 때 함경남도의 사망률이 더 높았다.
* 국경에 접해 있는 함경북도, 량강도, 평안북도와 평양시의 사망률이 낮았다.
* 무응답자 1명임

4.1.6. 직업별 사망률

직 업	인원수	사망자수	사망률
생산직 노동자	2,675	524	19.6%
사무직 노동자	691	85	12.3%
전문직 노동자	44	3	6.8%
농 민	301	73	24.3%
학 생	2,114	388	18.4%
군 인	249	13	5.2%
가 사	301	103	34.2%
기 타	127	27	21.3%
무 직 업	1,977	944	47.7%
무 응 답	1,648	831	50.4%
합 계	10,127	2,991	29.5%

* 사망자의 직업조사에서 무응답이 많은 것은 1차 인터뷰에서 파악된 사망자 245명의 직업이 조사되지 않았으며, 노인들에 대한 조사에서 직업분류에 대한 응답이 없었기 때문이다.
* 전체평균과 비교해볼 때, 무직자들과 무응답자의 사망률이 매우 높고, 전문직과 사무직 노동자들의 사망률이 비교적 낮았다.
* 또한 군인들의 사망률이 5.2%에 이르렀다.
* 농민의 사망률이 높은 것은 농민은 노인도 직업을 농민이라고 표기한 반면에, 노동자들은 노인과 어린이의 직업을 노동자라 하지 않고 무직이나 학생이라고 표기했기 때문이다.

4.1.7. 월별 사망자수

년\월	1월	2월	3월	4월	5월	6월	7월	8월	9월	10월	11월	12월	모름	합계
1995년								4	10	9	11	11	4	49
1996년	19	44	37	36	33	22	33	36	38	42	84	191	35	650
1997년	52	119	148	114	120	117	157	198	154	139	144	218	20	1,700
1998년	90	106	136	71	60	56	24	3	1					547

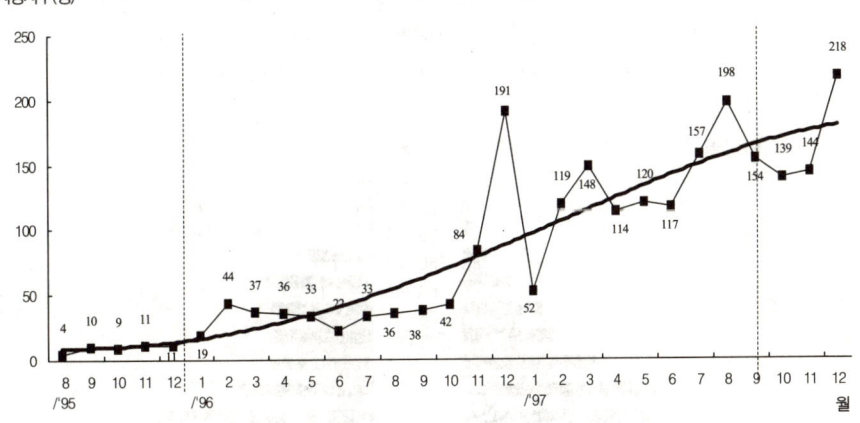

월별 사망자수 현황

* 1996년 11월 이후 사망자수가 급격히 증가된 것으로 조사되었다.
* 월별 사망자수는 1995년 8월 이후부터 조사가 시작된 1997년 9월까지의 사망자 수만 유효함(면담조사 대상자들이 집을 떠난 후에는 북한내 가족의 상태를 알 수 없으므로, 1997년 9월 이후의 사망자수는 현실을 정확히 반영하지 못하고 있음)
* 1998년도부터 조사한 자료에는 1995년도 사망자가 빠졌으므로 1996년 1월부터 1997년 9월까지가 조사대상자의 가족사망자수가 정확히 반영되어 있다고 보여진다.
* 사망자 중 사망년도가 조사되지 않은 45명은 표에서 생략하였음

4.1.8. 연도별 출생률과 사망률

	1996년	1997년
총 가족 구성원수	9,921	9,371
출 생 자 수	100	70
사 망 자 수	650	1,700
출 생 률	1.01%	0.75%
사 망 률	6.55%	18.14%

* 1997년의 출생률(0.75%)이 96년 출생률(1.01%)보다 낮게 조사되었다.
* 1997년의 사망률(1997년 사망자수/1997년 총 가족구성원수×100)이 18.14%로 1996년도 사망률 6.55%에 비하여 월등히 높았다.
* 1986년 북한인구의 조출생률은 2.29%, 조사망률은 0.5%, 자연증가율은 1.79%임
  (출처: Eberstadt N. and Banister, J. The Population of North Korea. Berkeley, CA: Institute of East Asian Studies, University of California, 1992)

4.1.9. 연령별 인구구성도

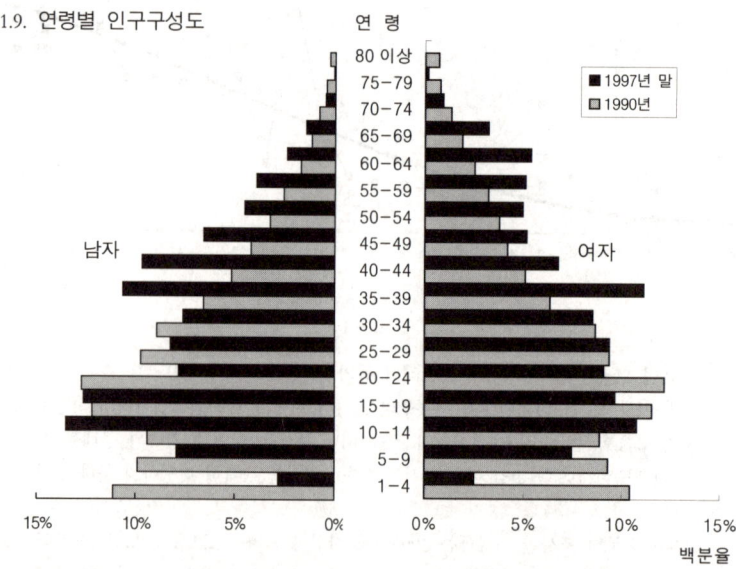

* 유아와 노년층의 사망으로 인해 인구구성도가 급격한 변화를 보였다.
* 1990년 인구구성도는 N. Eberstadt and J. Banister (1992) 참조

4.2. 사망원인 및 사망년도

4.2.1. 사망원인

사 망 원 인		인원수	백분율		유효 백분율	
아 사		868	29.0%		29.7%	
아 사 + 질 병		267	8.9%		9.1%	
질병	폐 결 핵	1,670	172	55.8%	5.8%	57.2%	5.9%
	파 라 티 푸 스		124		4.1%		4.2%
	기 타 질 병		1,374		45.9%		47.0%
기 타		117	3.9%		4.00%	
무 응 답		69	2.3%		-	
합 계		2,991	100.0%		100.0%	

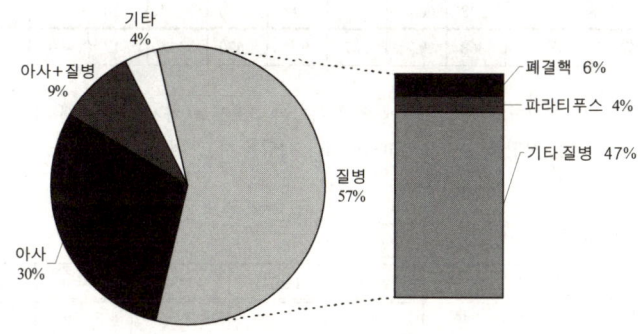

사망자 사망원인분포

* 아사가 전체 사망원인의 38.8%(유효백분율)로 조사되었다.
* 사망년도별로 보면 1996년에는 아사가 질병사보다 비율이 높으나, 1997년에는

거의 같은 비율로 조사되었다. 그런데 1998년도에는 질병사의 비율이 더 높은 것으로 나타났다. 이는 기아상태가 장기화되면서 질병 사망률이 증가하고 있는 것으로 판단된다. 높은 질병사의 원인은 첫째, 기아 둘째, 의약품 부족 셋째, 위생관리(식품, 식수의 오염)와 예방접종이 제대로 안 되기 때문이다.
* 북한내 생존자의 건강상태는 <4.4.1. 생존자의 건강상태와 질병현황>을 참조
* 기타 질병은 급성설사, 장티푸스, 열병, 간염, 뇌출혈 등과 병사라고만 응답한 경우다.

4.2.2. 연령별 사망원인

사망원인 연령	아 사		아사+질병		질 병		기 타		합 계
	인원수	사망률	인원수	사망률	인원수	사망률	인원수	사망률	
9세 이하	243	56.4%	35	8.1%	148	34.3%	5	1.2%	431
10 대	108	34.1%	23	7.3%	163	51.4%	23	7.3%	317
20 대	22	21.8%	14	13.9%	45	44.6%	20	19.8%	101
30 대	14	15.4%	18	19.8%	46	50.5%	13	14.3%	91
40 대	21	16.2%	9	6.9%	87	66.9%	13	10.0%	130
50 대	78	21.5%	36	9.9%	233	64.4%	15	4.1%	362
60 대	268	25.6%	110	10.5%	653	62.5%	14	1.3%	1,045
70대 이상	76	19.6%	21	5.4%	287	74.0%	4	1.0%	388
무 응 답	38	66.7%	1	1.8%	8	14.0%	10	17.5%	57
합 계	868	29.7%	267	9.1%	1,670	57.2%	117	4.0%	2,922

* 유아 및 어린이의 경우 아사에 의한 사망이 대부분을 차지하며, 40대 이상은 질병에 의한 사망률이 높고, 20대는 기타 사망률(사고, 자살 등)이 높다.

4.2.3. 사망년도

사 망 년 도	1995년	1996년	1997년	1998년	무응답	합 계
인 원 수	49	650	1,700	547	45	2,991
백 분 율	1.6%	21.7%	56.8%	18.3%	1.5%	100.0%

* 사망년도를 보면 1996년도보다 1997년도에 사망자수가 월등히 증가하였다.
* 사망자 연령별로 사망년도를 보면 50대까지는 1997년도에 사망자수가 급격히 증가하였으나, 60대 이상의 경우는 오히려 사망자수가 줄어든 것(60대는 1997년

하반기, 70대는 1997년 상반기부터)으로 조사된 바, 60대 이상의 노년층의 사망은 1997년도 이전에 이미 상당히 진행된 것으로 판단된다.
* 지역적으로 함경북도는 1995-1997년도에 사망률이 높아지다가 1998년도부터는 사망률이 급격히 떨어지며 황해도, 평안남북도는 1996-1998년도로 가면서 사망률이 높아져 가고 있음을 볼 때 기아는 동북부지역에서 서남해 지역으로 차츰 이동한 것으로 판단된다.

4.3. 거주지 인민반 사망자 조사결과

4.3.1. 거주지 인민반 사망률

거 주 지 역	응답수	평 균 가구수	평 균 인구수	평 균 사망자수	평 균 사망률	비고 (가족사망률)
함 경 북 도	935	26	125	34	26.9%	28.3%
함 경 남 도	310	27	128	40	31.6%	32.5%
자 강 도	31	23	118	34	28.9%	33.5%
량 강 도	55	24	123	31	25.4%	29.8%
평 안 북 도	30	26	125	33	26.6%	28.7%
평 안 남 도	48	29	132	37	28.0%	30.4%
황 해 북 도	16	29	142	33	23.4%	29.0%
황 해 남 도	63	24	126	41	32.5%	31.6%
강 원 도	78	25	126	39	30.7%	30.8%
평 양 시	9	27	131	16	12.0%	16.9%
남 포 시	15	31	158	44	28.2%	30.0%
합 계	1,590	26	126	36	28.2%	29.5%

* 국경에 접해 있는 함경북도, 량강도, 평안북도와 평양시의 사망률이 낮았다.

4.3.2. 거주지 인민반 사망원인

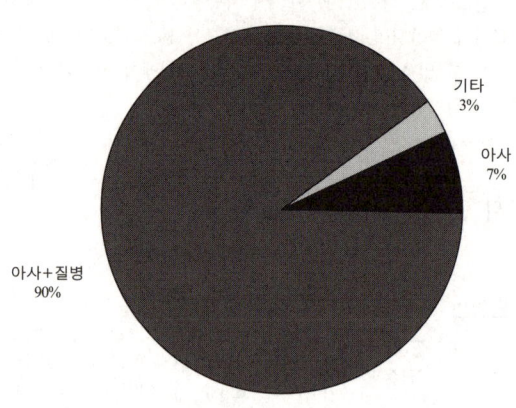

거주지 사망원인

* 거주지 사망자의 사망원인은 아사(7%), 아사+질병(90%)으로 97%정도가 아사와 질병에 의한 사망으로 조사되었다. 이는 가족에 대한 보고와는 달리 거주지의 인민반에 대해서 사망원인을 진술할 때 대략적으로 '굶어서 병들어 죽음'이라고 응답했기 때문이다.

4.4. 북한 내 생활조건과 의식의 변화

4.4.1. 생존자의 건강상태

건 강 상 태		인원수 (명)	백분율	유효 백분율
특별한 질병 없음		2,907	40.7%	43.1%
영 양 실 조 자		1,641	23.0%	24.4%
질병자	폐 결 핵	2,189	399	30.7%	5.6%	32.5%	5.9%
	위 장 병		181		2.5%		3.4%
	간 염		375		5.3%		5.6%
	심 장 병		226		3.2%		2.7%
	기 타 질 병		1,008		14.1%		15.0%
무 응 답		399	5.6%	-
합 계		7,136	100.0%	100.0%

생존자의 건강상태

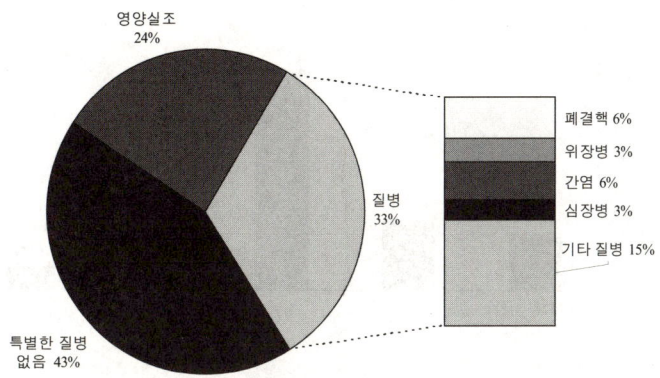

* 생존자 중 56.9%(유효백분율)정도가 영양실조나 질병을 앓는 것으로 조사되었다.
* 연령별로는 유아 및 어린이의 경우 영양실조의 비율이 매우 높고, 연령이 높아질수록 질병의 비율이 높은 것으로 조사되었다.
* 지역별로는 함경남도가 함경북도 및 기타 지역에 비하여 영양실조 비율이 높았다.
* 월경시점별로는 영양실조의 비율이 계속 높아지는 것으로 조사되었다.
* 여기에서 생존자란 전체가족수 10,127명에서 사망자 2,991명을 제외한 인터뷰대상자와 북한 내 거주지에 생존해 있는 가족수임
* 기타 질병 : 신장병, 불구자, 부종, 관절염, 기관지염, 실명 등

4.4.2. 정기적인 배급이 끊긴 시점

배급중단 년도	인원수	백분율	유효 백분율	누적유효백분율
1992년 이전	190	10.2%	10.8%	10.8%
1993년	225	12.1%	12.7%	23.5%
1994년	722	38.9%	40.9%	64.4%
1995년	556	30.0%	31.5%	95.9%
1996년 이후	74	4.0%	4.2%	100.0%
무 응 답	88	4.7%	-	-
합 계	1,855	100.0%	100.0%	-

정기적인 배급이 끊긴 시점

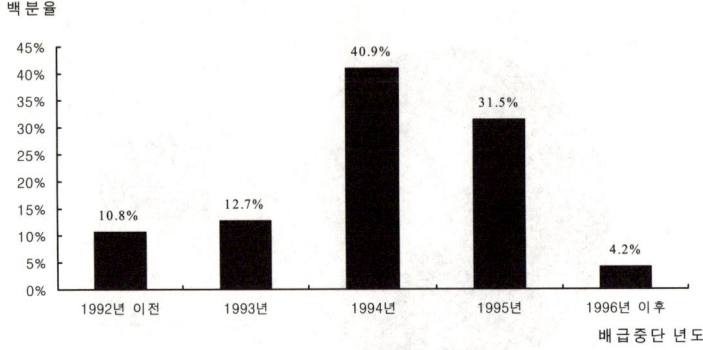

* 정기적인 배급이 끊긴 시점은 1994년, 1995년에 집중되어 있었다. 이 도표에서 한가지 주목할 만한 사실은 현재 북한의 식량난이 1995년도 대홍수 이후 거듭되는 자연재해로 발생한 것이 아니라 이미 1992년 이전부터 상당히 진행되어 왔다는 점이다.
* 지역별로는 함경남북도는 1993, 1994년도에 집중되어 분포되어 있고 기타지역은 1994, 1995년도에 분포가 집중되어 있어 함경남북도의 식량배급 중단 시기가 타 지역보다 앞서고 있다.

4.4.3. 배급중단 후 생활 (복수응답)

배급중단 후 생활	응답수	인원빈도	응답빈도
풀뿌리, 벼뿌리, 소나무껍질 등을 먹음	1,024	59.0%	28.4%
장 사 함	801	46.1%	22.3%
가구·집기물 팔아서	720	41.5%	20.0%
친지 도움 받음	354	20.4%	9.8%
뙈기밭을 일구어서	249	14.3%	6.9%
약초를 캐서 식량 구함	107	6.2%	3.0%
도둑질	74	4.3%	2.1%
식량 구하기 위해 다른 지역 이동	64	3.7%	1.8%
집 팔아서	62	3.6%	1.7%
구걸	61	3.5%	1.7%
하루벌이를 함	12	0.7%	0.3%
기타	72	4.1%	2.0%
합 계	3,600	207.4%	100.0%

배급 중단 후 생활

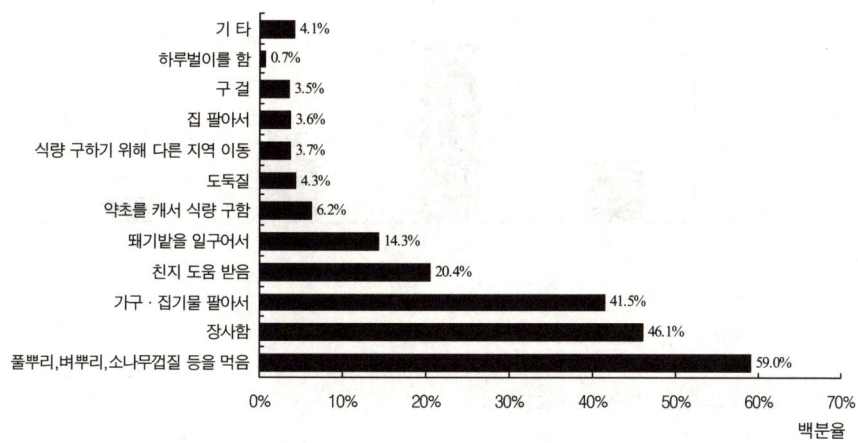

* 지역별로 보면 함경북도는 타 지역보다 친지의 도움을 받았다는 비율이 높은 것으로 조사되었고, 함경남도는 장사를 했다는 비율이 높게 조사되었으며, 기타 지역은 풀뿌리, 소나무껍질 등을 먹었다는 비율이 높았다.
* 하루벌이는 짐꾼일, 삯일, 품팔이 등을 했다고 응답한 경우다.
* 응답인원은 1,736명임

4.4.4. 가장 어려운 지역 (복수응답)

가장 어려운 지역	함경북도	함경남도	기타지역	비슷하다	합 계
응 답 수	340	970	361	137	1,808
인 원 빈 도	21.6%	61.7%	23.0%	8.7%	115.1%
응 답 빈 도	18.8%	53.7%	20.0%	7.6%	100.0%

가장 어려운 지역

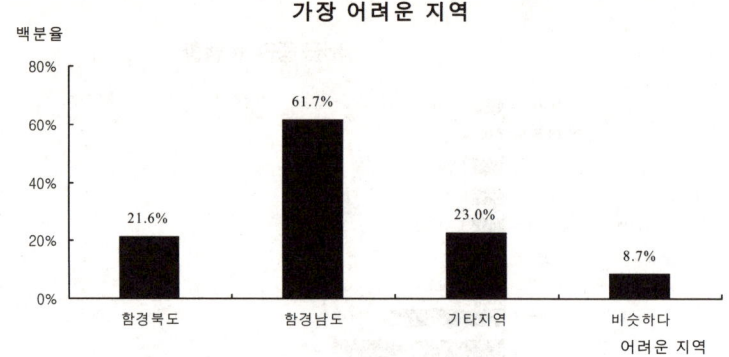

* 전체지역 중 함경남도 지역이 가장 어렵다고 조사되었다.
* 응답인원은 1,571명임

4.4.5. 농촌과 도시 중 더 어려운 지역

농촌과 도시 중 더 어려운 지역	농 촌	도 시	비슷하다	무 응 답	합 계
인원수 (명)	26	1,432	146	251	1,855
백 분 율	1.4%	77.2%	7.9%	13.5%	100.0%
유효 백분율	1.6%	89.3%	9.1%	-	100.0%

농촌과 도시 중 더 어려운 지역

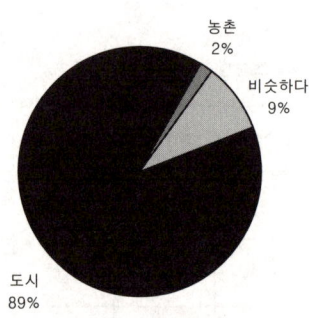

* 농촌과 도시 중 도시가 농촌보다 훨씬 어려운 것으로 조사 되었다.
* 월경시점별로는 1998년도에 접어들면서 농촌이 더 어렵다거나 비슷하다고 응답 사람의 비율이 증가하고 있다.

4.4.6. 못살게 된 이유 (복수응답)

못살게 된 이유	응답수	인원빈도	응답빈도
자연재해로 식량생산이 안 되어	932	57.1%	40.9%
국가정책 때문	196	12.0%	8.6%
지도층의 관료주의적 실정 때문	185	11.3%	8.1%
지도자의 책임	173	10.6%	7.6%
개혁개방을 하지 않아서	161	9.9%	7.1%
군사비의 과다지출 때문	159	9.7%	7.0%
비료, 농약이 부족하여 식량생산 감소	116	7.1%	5.1%
경제개발을 하지 않아서	99	6.1%	4.3%
미국의 경제봉쇄 때문	67	4.1%	2.9%
통일되지 않아서	49	3.0%	2.2%
농업을 육성하지 않아서	38	2.3%	1.7%
외국의 원조를 못 받아서	19	1.2%	0.8%
기 타	82	5.0%	3.6%
합 계	2,276	139.5%	100.0%

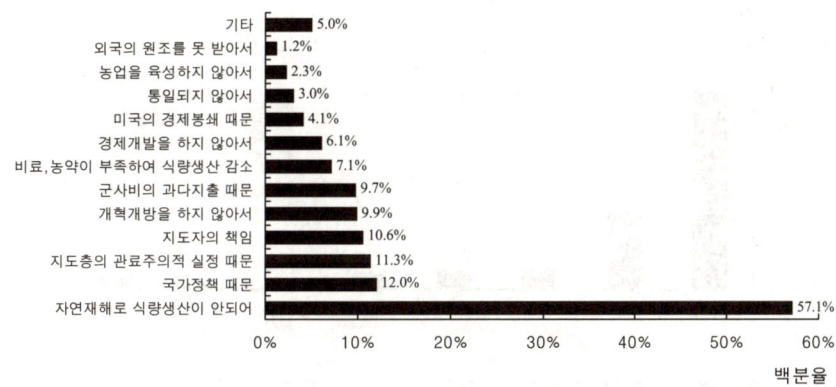

못살게 된 이유

* 성별로는 남성은 국가정책 및 지도자의 책임이라고 생각하는 비율이 높고 여성은 자연재해 때문이라고 생각하는 비율이 높다.
* 직업별로는 생산직의 경우 사무직보다 국가정책에 대하여 비판적이며 사무직노동자는 자연재해 때문이라고 생각하는 경향이 높았다.

* 지역별로는 함경남도에서 다른 지역보다 국가정책에 대하여 비판적인 경향이 강하였다.
* 응답인원은 1,632명임

4.4.7. 장마당에서 거래되는 물품 (복수응답)

거래되는 물품	응답수	인원빈도	응답빈도
식료품	1,311	97.4%	55.5%
의복 (옷, 신발, 양말 등)	516	38.3%	21.9%
난방연료 (석탄, 화목 등)	140	10.4%	5.9%
중고물품	125	9.3%	5.3%
생활용품	114	8.5%	4.8%
가정기물(가구 등)	27	2.0%	1.1%
농기구	27	2.0%	1.1%
기타	101	7.5%	4.3%
합 계	2,361	175.4%	100.0%

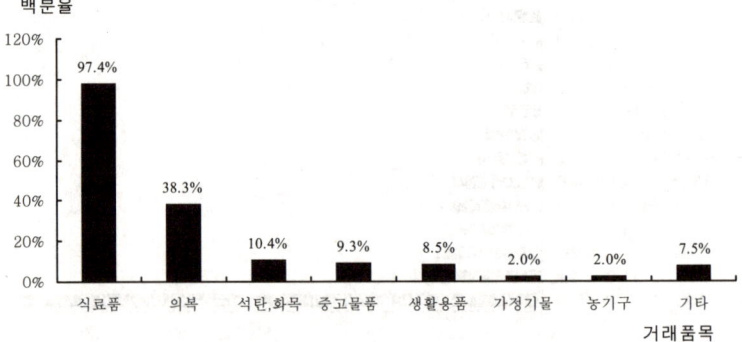

* 장마당에서 거래되는 물품은 식료품과 의복이 가장 큰 비중을 차지한다.
* 월경시점별로 보면 1997년도에는 의복·신발의 비율이 1998년보다 높게 조사되었고, 1998년도에는 석탄, 화목, 생활용품의 비율이 높아지는 것으로 조사되었다. 비료와 농기구는 1997년도에는 약간의 응답비율이 있었으나, 1998년도에는 거의 없었다.
* 응답인원은 1,346명임

4.4.8. 식량을 제외한 가장 필요한 물품 (복수응답)

필 요 물 품	응답수	인원빈도	응답빈도
의약품, 영양제	1,408	87.2%	26.7%
의복 (옷, 신발, 양말, 이불 등)	1,383	85.6%	26.2%
생필품 (비누, 치약, 바늘, 실 등)	628	38.9%	11.9%
조명용품 (렌턴, 라이타, 초 등)	311	19.3%	5.9%
난방연료 (석탄, 화목 등)	302	18.7%	5.7%
돈	288	17.8%	5.5%
부식품 (고기, 소금, 식용류 등)	273	16.9%	5.2%
전기	250	15.5%	4.7%
물	235	14.6%	4.5%
교통, 통신시설	34	2.1%	0.6%
이, 빈대약	13	0.8%	0.2%
기 타	71	4.4%	1.3%
모든 것이 필요하다	83	5.1%	1.6%
합 계	5,279	326.9%	100.0%

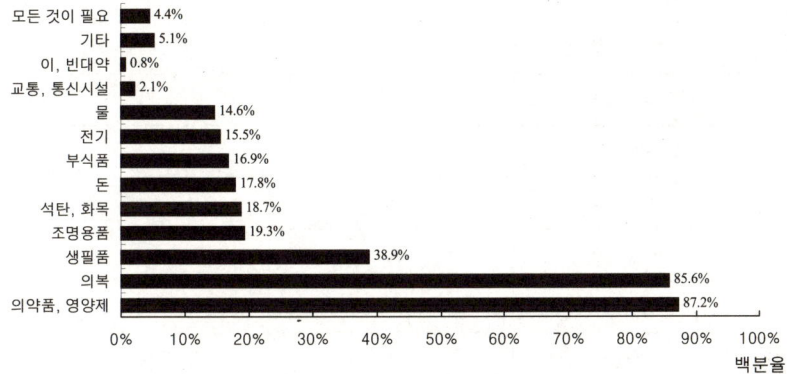

식량 외에 필요한 물품

* 의약품과 의복이 필요하다고 응답한 비율이 매우 높았으며, 의약품은 연령이 높을수록 비율이 높았다.
* 의약품의 필요는 상당히 높은 비율을 차지하고 있으나 <4.4.7. 장마당에서 거래

되는 물품>을 보면 의약품은 거의 나타나지 않는다. 북한내에서 의약품의 수요는 높으나 공급하지 않는 것으로 판단된다.
* 물과 전기가 필요하다고 응답한 비율이 상당히 높게 조사된 것으로 보아 깨끗한 식수의 공급이 시급한 것으로 판단된다.
* 응답인원은 1,615명임

4.5. 난민의 월경시점과 피신장소 안전도

4.5.1. 월경시점

월 경 시 점	인원수	백분율
1997년 10월 이전	130	7.1%
1997년 11월	163	8.8%
1997년 12월	161	8.7%
1998년 1월	162	8.7%
1998년 2월	181	9.8%
1998년 3월	136	7.3%
1998년 4월	155	8.4%
1998년 5월	79	4.3%
1998년 6월	244	13.2%
1998년 7월	136	7.3%
1998년 8월	245	13.2%
1998년 9월 이후	51	2.8%
무 응 답	12	0.6%
합 계	1,855	100.0%

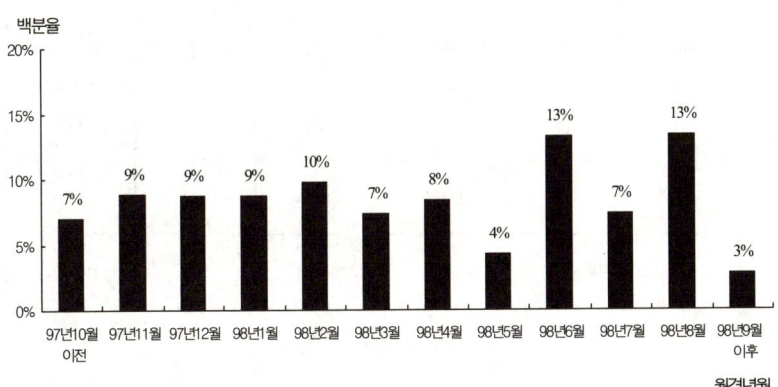

* 인터뷰 대상자의 월경 시점을 살펴보면 인터뷰 시점과 같이 1997년 9월부터 1998년 9월에 걸쳐 평이하게 분포되어 있는 것을 볼 수 있다. 이는 인터뷰를 하는 과정에서 최근에 월경한 사람을 대상으로 했기 때문이다.
* 월경한 지 2주내에 인터뷰한 사람은 대부분 식량과 약품을 구해서 북한으로 돌아가기를 원하고, 1개월이 지난 사람은 중국에 머물기를 원하는 비율이 높다.

4.5.2. 월경 장소

월 경 장 소	인원수	백분율
훈 춘 시	100	5.4%
도 문 시	424	22.9%
용 정 시	653	35.2%
화 룡 시	545	29.4%
안 도 현	2	0.1%
장 백 현	77	4.2%
집 안 시	18	1.0%
단 동 시	14	0.8%
기 타	5	0.3%
무 응 답	17	0.9%
합 계	1,855	100.0%

4.5.3. 피신해 있는 곳의 안전도

피신장소 안전성 여부	안전	불안전	무응답	합계
인원수	557	1,082	216	1,855
백 분 율	30.0%	58.3%	11.6%	100.0%
유효 백분율	34.0%	66.0%	-	100.0%

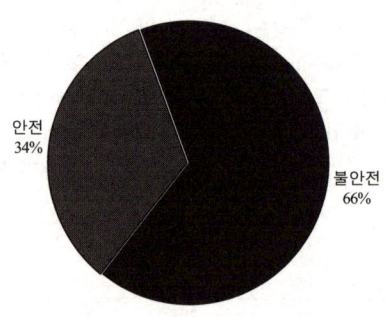

피신장소 안전도

* 피신해 있는 곳이 안전하다고 응답한 사람은 대부분 중국의 친지를 찾아온 사람들이고, 불안전하다고 대답한 사람은 중국에 전혀 연고가 없는 사람들이다.
* 성별로는 여성이 남성보다 불안전하다고 응답한 비율이 높다.
* 나이별로는 나이가 어릴수록 불안전하다고 응답한 비율이 높다.

4.5.4. 피신 장소

피 신 장 소	인원수	백분율	유효 백분율
훈 춘 시	44	2.4%	2.5%
도 문 시	269	14.5%	15.0%
연 길 시	399	21.5%	22.3%
용 정 시	536	28.9%	29.9%
화 룡 시	365	19.7%	20.4%
안 도 현	57	3.1%	3.2%
돈 화 현	39	2.1%	2.2%
장 백 현	51	2.7%	2.8%
기 타	32	1.7%	1.8%
무 응 답	63	3.4%	-
합 계	1,855	100.0%	100.0%

* 피신장소가 연변지역에 집중되어 있는 것은 조사자가 난민을 인터뷰한 지역이 연변지역이었기 때문이다.

5. 조사결과 요약 및 우리의 의견

5.1. 조사결과 요약

5.1.1. 조사대상자의 제약과 조사진행상의 어려움에도, 북한난민을 대상으로 한 조사결과에 따르면, 현재 북한내에서는 인류역사상 최악의 기근사태가 발생하고 있는 것으로 추정된다.

5.1.2. 지난 3년 2개월 동안(1995. 8 ~ 1998. 9), 조사대상자 가족구성원의 총 수와 가족 중 사망자수를 단순히 비교한 가족사망률은 29.5%였다. 특히 6세 이하 유아 및 어린이의 사망률이 51.2%에 달했으며, 60대 이상 노인층의 사망률이 매우 높게 나타나는 등 취약계층의 피해가 두드러지고 있다. 아울러 10대 이상과 50대 이하의 사망률도 꾸준히 증가하며 취약계층의 범위가 확대되고 있는 것으로 드러났다. 특히 연도별 사망률이 1996년도 6.55%, 1997년도 18.14%로 매우 높으며, 또한 급격히 상승하였다.

5.1.3. 지역별로 볼 때 함경남도의 피해상태가 어느 곳보다 심각하며, 도시지역뿐 아니라 농촌지역의 기근상태 또한 악화일로에 있는 것으로 드러났다. 또한 변경무역이 활발한 접경지역인 함경북도, 량강도, 평안북도의 사망률이 낮게 나타났다.

5.1.4. 최근 들어 북한사회에서 식량난을 직접적으로 겪지 않았던 것으로 여겨졌던 계층의 구성원들인 농민, 군인까지도 기아상태

에 접어든 것으로 밝혀졌다.

5.1.5. 난민들의 거주지였던 북한사회의 기초공동체인 인민반 또한 기아사태로 인해 차츰 파괴되고 있는 것으로 조사되었다. 1,590명이 증언한 거주지 인민반의 총 인원수와 기간 동안의 사망자를 비교한 단순사망률의 평균은 28.2%였다.

5.1.6. 북한난민 가족구성원 중 사망자의 사망원인은 아사 29.7%, 아사와 질병 9.1%, 질병 57.2%(유효백분율)로 나타났으며 생존해 있는 사람들의 경우에도 심각한 영양실조 24.4%, 질병 32.5% 등 56.9%(유효백분율) 정도가 위험에 처해 있다. 따라서 식량과 의약품의 대량지원이 신속히 이루어지지 않는 한 아사사태는 계속될 것으로 추정된다.

5.1.7. 이번 조사결과 1995년도에 이미 95.9% 이상 정기적인 배급이 중단된 상태로 접어들었으며 배급체계 또한 거의 무너졌다는 사실이 확인되었다.

5.1.8. 이러한 기아사태의 원인으로 북한주민 중 50% 정도가 국가정책, 군사비 과다지출, 개혁개방 미흡, 지도층의 실정 등 사회적 요인을 지목하고 있다.

5.1.9. 북한에 생존해 있는 주민들의 경우 양식 이외에도 의복, 의약품, 생필품, 난방용품에 대한 요구가 매우 높다는 사실이 확인되었다.

5.1.10. 이 보고서는 난민을 무작위로 인터뷰함으로써 표본추출에 한계가 있었으며 난민의 지역적 편중으로 인해 전국적 상황을 파악하는데 한계가 있다. 그럼에도 이 자료는 북한의 기아상황이 전국적으로 진행되고 있음을 보여주고 있다. 그 이유는,

1) 표본이 1,855명에 이르므로써 각 지역의 표본이 일정 수를 넘어서고 있다.

2) 다른지역 출신들이 대부분 함경북도를 통과해서 중국 국경에 이르게 되는데 자기 고장과 비교해서 함경북도가 상황이 낫다고 대부분 증언하고 있다.

3) 난민들의 수준이 북한내에서 당 간부를 제외하고는 그래도 평균수준 이상의 사람들이다. 보통 사람은 국경을 넘을 생각도 용기도 못내고 그 자리에서 죽어갈 뿐인데 난민들은 정신적, 육체적으로 강인한 사람들이다. 또 중국에 친척이 있어서 이미 몇 차례 도움을 받은 사람들이 많다.

5.1.11. 북한의 지배층(대략 15%, 약 300만 명)과 농민층(대략 30%, 600만 명)을 제외하고 2,200만 명 인구 중 1,300만 명에 인터뷰 가족 평균사망률 29.5%를 적용하면 1,300만 명 x 0.295 ≒ 350만 명이다. 농민층의 사망률이 상당히 높은 것을 볼 때, 최소 350만 명 이상은 사망했다고 추정할 수 있다. 또한 북한 내부의 비공식적 증언과 증거들을 종합해 볼 때 지난 3년여 동안 (1995.8~1998.9) 최소 350만 명 이상은 사망했다고 볼 수 있다.

5.2. 국제사회의 의무와 우리의 제안

우리는 한국정부, 국내 민간단체, 국제사회가 북한에 식량과 의약품을 신속하게, 그리고 대규모로 지원하기를 요청한다. 이는 이미 예견되고 있는 대량아사를 막기 위한 긴급한 호소다. 아울러 우리는 대규모 지원만이 실질적으로 대규모 사망을 막을 수 있다는 점을 다시 한번 강조하고자 한다.

지금 북한주민이 겪는 대량아사 사태는 과거 소말리아나 이디오피아보다 훨씬 더 심각하며, 20세기 말 현재 전 지구상에서 벌어지고 있는 비극 중 최대의 참사다.

정치적 목적을 가지고 이 사태에 임한다면 여러 가지 다른 견해가 있을 수 있으나, 인도적인 입장에서 살펴보면 무조건적인 지원만이 최선의 해결책이다. 정치적 대응으로는 그 정치적 목표는 달성할 수 있을 지 모르지만 대량 인명피해는 막을 수 없다. 최소 200만 톤 이상의 대량 식량지원과 전염병 예방약 등 의약품 지원, 그리고 식수공급이 최우선적으로 긴급하게 이루어져야 한다. 또한 수해복구, 농업진흥, 생필품 생산 등의 중장기적인 지원책도 마련되어야 한다.

굶주려 죽어가는 사람들과 병들어 죽어가는 사람, 배우지 못하는 어린이들을 돕고 있는 국내 민간단체, 국제 NGOs는 이 비극적인 사태를 막기 위해서 이념, 사상, 종교, 민족, 인종의 차이를 뛰어넘어 함께 만나 긴급히 행동해야 한다.

5.2.1. 한국정부와 세계 각국 정부는 즉시 UN 식량원조 프로그램(WFP)에 참여하는 지원곡물량을 증가시켜야 하며, 북한에 식량이 가능한 빨리 도달할 수 있도록 해야 한다. 특히 최악의 위험에 처해 있는 어린이와 노인들에게 식량이 전달될 수 있도록 최선의 방법을 동원해야 한다.

5.2.2. 한국사회는 민간, 정부, 언론이 공동으로 대량 아사하고 있는 북한주민을 지원할 수 있는 공동협력체계를 마련하여 적극적으로 지원해야 한다.

5.2.3. UN산하 기구, 특히 UNICEF나 국제 적십자사, WFO 그리고 민간단체들은 북한에서 창궐하는 전염병을 방지하기 위한 프로그램, 상하수도의 기능정상화, 방역, 기타 예방조치에 좀더 체계적인 관심을 보여야 한다.

5.2.4. 미국은 북한에 대한 경제 제재조치를 즉시 해제해야 한다. 북한의 치명적인 기근은 이런 제재가 우선적으로 죄없는 민간인들

을 죽일 뿐이라는 증거를 제공하고 있다. 이미 늦기는 했지만 지금이라도 미국은 이런 참상을 종식시키는 데 있어 주도적 역할을 다해야 한다.

5.2.5. UNHCR 등은 중국정부와 협력하여 중국과 북한의 국경선을 따라 증가하고 있는 수십만의 북한난민들에 대한 구호대책을 시급히 마련해야 한다. 만일 북동부 지역의 도시에 좀더 많은 식량이 넘어간다면, 북한난민들의 중국 유입은 감소할 것이다. 북한주민이 국경을 넘는 것은 다만 북한내에서 식량을 구하지 못하여 가족이 죽어가고 있기 때문이다.

5.2.6. 북한정부는 기아의 실상을 국제사회에 공개하고 협조를 요청하여야 하며, 국제사회가 지원하는 식량의 분배 투명성을 보장하여야 한다. 또한 기아를 근본적으로 방지하기 위해서는 북한정부는 대대적인 농업개혁을 시행하고, 한국정부와 국제사회는 이에 대해 적극적으로 지원을 해야 한다. 그렇지 않을 경우 현재와 같은 비극은 해마다 반복될 것이다.

통일마당 3

사람답게 살고 싶소

초판 1쇄 1999. 12. 18   2쇄 2005. 6. 15

펴낸이 / 김정숙
지은이 / 권 혁
펴낸곳 / 정토출판
등록번호 / 제22-1008호
등록일자 / 1996. 5. 17
137-875 서울특별시 서초구 서초3동 1585-16
전화 / 02-587-8992
전송 / 02-587-8998
인터넷 http://www.jungto.org
E-mail / book@jungto.org

* 표지와 본문 속의 삽화는 이상권 씨의 그림임을 밝힙니다.

ⓒ 1999. 정토출판

값 8,000원

ISBN 89-85961-24-1 03300